Hubert Schröcker

Der Himmel ist offen

Hubert Schröcker

Der Himmel ist offen

Predigten

Fromm Verlag

Impressum / Imprint
Bibliografische Information der Deutschen Nationalbibliothek: Die Deutsche Nationalbibliothek verzeichnet diese Publikation in der Deutschen Nationalbibliografie; detaillierte bibliografische Daten sind im Internet über http://dnb.d-nb.de abrufbar.
Alle in diesem Buch genannten Marken und Produktnamen unterliegen warenzeichen-, marken- oder patentrechtlichem Schutz bzw. sind Warenzeichen oder eingetragene Warenzeichen der jeweiligen Inhaber. Die Wiedergabe von Marken, Produktnamen, Gebrauchsnamen, Handelsnamen, Warenbezeichnungen u.s.w. in diesem Werk berechtigt auch ohne besondere Kennzeichnung nicht zu der Annahme, dass solche Namen im Sinne der Warenzeichen- und Markenschutzgesetzgebung als frei zu betrachten wären und daher von jedermann benutzt werden dürften.

Bibliographic information published by the Deutsche Nationalbibliothek: The Deutsche Nationalbibliothek lists this publication in the Deutsche Nationalbibliografie; detailed bibliographic data are available in the Internet at http://dnb.d-nb.de.
Any brand names and product names mentioned in this book are subject to trademark, brand or patent protection and are trademarks or registered trademarks of their respective holders. The use of brand names, product names, common names, trade names, product descriptions etc. even without a particular marking in this work is in no way to be construed to mean that such names may be regarded as unrestricted in respect of trademark and brand protection legislation and could thus be used by anyone.

Verlag / Publisher:
Fromm Verlag
ist ein Imprint der / is a trademark of
OmniScriptum GmbH & Co. KG
Heinrich-Böcking-Str. 6-8, 66121 Saarbrücken, Deutschland / Germany
Email: info@frommverlag.de

Herstellung: siehe letzte Seite /
Printed at: see last page
ISBN: 978-3-8416-0617-4

Copyright © 2015 OmniScriptum GmbH & Co. KG
Alle Rechte vorbehalten. / All rights reserved. Saarbrücken 2015

Vorwort

Ein Buch wie dieses könnten viele Priester und Diakone, Pfarrer und Kapläne nach ein paar Dienstjahren veröffentlichen. Es ist aus Predigten entstanden, die ich im Lauf der Zeit vorbereitet und gehalten habe. Sollte an ihnen etwas bemerkenswert sein, liegt das neben der Gnade Gottes an drei Umständen, die sich glücklich gefügt haben. Erstens habe ich nie besonders lange regelmäßig in derselben Gemeinde gepredigt. Daher konnte ich auf alte Predigten zurückgreifen und sie von Mal zu Mal verbessern. Zweitens musste ich mich anstrengen, den Vergleich mit Pfarrern, Seelsorgern und Diakonen zu bestehen, die gute Redner sind. Drittens habe ich ungewöhnlich aufmerksame Zuhörerinnen und Zuhörer gefunden, deren Erwartungen mich angespornt haben. Ihre Rückmeldungen habe ich mit der Zeit schätzen gelernt; sie waren eine wertvolle Hilfe bei der Auswahl der Predigten für dieses Buch. Dankbar bin ich den Gläubigen, die sich die unausgereiften und fallweise misslungenen Versionen der folgenden Predigten geduldig angehört haben. Zum einen Teil wurden die folgenden Gedanken in der Steiermark gepredigt, nämlich in meiner Diakonatspfarre Gnas, an meinen Kaplansstellen Weiz, Graz-Straßgang und Graz-St. Elisabeth, in meiner Heimatpfarre Niklasdorf, in den Pfarren Anger, Gleisdorf, Heilbrunn, Loipersdorf, Puch und Trautmannsdorf sowie in der oststeirischen Wallfahrtskirche Maria Fieberbründl. Zum anderen Teil habe ich die folgenden Predigten in München und Umgebung gehalten, nämlich in den Pfarreien St. Andreas Harthausen, St. Anna Karlsfeld, St. Jakobus Feldkirchen, St. Joachim Sendling, St. Josef Karlsfeld und St. Peter Heimstetten sowie im Herzoglichen Georgianum.

In der Vorbereitung einer Adventbesinnung für den Sozialkreis der Pfarre Graz-St. Elisabeth ist mir erstmals aufgefallen, wie viele meiner Predigten um das Thema „Der Himmel ist offen" kreisen. Das ist auch das Thema für den ersten Teil dieses Buches.

Der zweite Teil stellt unter dem Titel „Auf dem Weg" Predigten über das christliche Lebens zusammen. Sie sollen sozusagen die Stufen einer Treppe in den offenen Himmel zeigen. Daher sind sie geordnet vom schlichten „Auf die Uhr schauen" bis zum anspruchsvollen „Heilig werden". Doch anders als die Stufen einer Treppe ist die Predigtauswahl weder lückenlos noch streng aufbauend angeordnet.

Der dritte Teil sammelt unter dem Titel „Das Ziel vor Augen" einige Versuche, über eschatologische Themen zu sprechen, über die Gemeinschaft der Heiligen, die Auferstehung der Toten und das ewige Leben. Der Gedankengang soll zur Liebe des dreifaltigen Gottes hinführen.

Lokale Bezüge habe ich belassen, wenn ihre Entfernung eine größere Veränderung des Textes erfordert hätte. Gelegentlich merkt man den geschriebenen Sätzen an, dass sie ursprünglich nicht zum Lesen, sondern zum Sprechen und Hören bestimmt waren und die Zuhörerinnen und Zuhörer ansprechen. Zur Orientierung gebe ich an, auf welche Bibelstelle oder auf welchen Anlass sich die Predigt bezieht.

Ich danke allen, die am Zustandekommen dieses Buches beteiligt waren, insbesondere Frau Tabea Bergner von Seiten des fromm-Verlags. Gott hat uns den Himmel geöffnet. Ich hoffe, dass dieses Buch, so vorläufig und unvollkommen es ist, den Leserinnen und Lesern hilft, Gott ihre Herzen zu öffnen.

München, im Oktober 2015

Inhaltsverzeichnis

DER HIMMEL IST OFFEN 5
Die Türen der Kirche 5
Der Himmel hat sich geöffnet 8
Sehnsucht 9
Aus dem Himmel 11
Weihnachtsengel 12
„Ich bin die Tür" 13
Maria, du Himmelspforte 13
Türen ins Leben öffnen 15
Was bedeutet es für uns, dass sich der Himmel öffnet? 16
Tage und Jahre der offenen Tür 18
Petrus, der Pförtner des Himmels 19
Taufe 21
Die Tür bleibt einen Spalt weit offen 23
Sind unsere Türen für Gott offen? 24
Öffne dich! 25

AUF DEM WEG 27
Auf die Uhr schauen 27
Sehen und hören 29
Erst hören, dann reden 31
Tun, was ich verstanden habe 33
Was in uns ist 35
Über Wunder staunen 37
Glauben 38
Liebt einander! 40

Mit Herz 42
Umwege gehen 43
Wetterfest 47
Lasten tragen 49
Zurechtweisen 51
Verzeihen 53
Sein Kreuz auf sich nehmen 55
Zeit schenken – sein Leben hingeben 58
Heilig werden 59

Das Ziel vor Augen 63
Auf Maria schauen 63
Ein Gruß 65
Mitten im Leben 67
Die Auferstehung erwarten 69
Wie werden die Toten auferstehen? 71
Wer urteilt gerecht? 73
Die Menschen liebten die Finsternis mehr als das Licht 75
Ewiges Leben 78
Noch eine Chance 80
Unversöhnlich 82
So sehen Sieger aus 85
Glück 87
Sich den Himmel vorstellen 89
Dreifaltige Liebe 91

Der Himmel ist offen

Die Türen der Kirche

Zu Lk 13,22-30

In einer Diskussion über Glaubensfragen hat sich ein Mann mir gegenüber einmal beklagt, dass sein Pfarrer ständig die Kirche zusperrt. Schon öfters wollte er dort beten und ist vor verschlossenen Türen gestanden, und das hat er seinem Pfarrer sehr übel genommen. Zunächst wollte ich diesem Mann Recht geben: Eine Kirche soll auch außerhalb der Gottesdienstzeiten offen sein für Leute, die kommen und still beten möchten. Im weiteren Gespräch aber hat sich herausgestellt, dass dieser Mann einmal spät in der Nacht in die Kirche gehen wollte und ein andermal um fünf Uhr morgens. Das aber ist etwas anderes. Man muss verstehen, dass der Pfarrer die Kirche nur tagsüber offen hält und sie bei Dunkelheit verschließt. Die Kirchentüren sind offen, doch nicht immer und nicht jederzeit.

Das gilt nicht für Kirchentüren allein. Sinnvoll ist eine Tür nur, wenn sie je nach Zeit und Umständen manchmal offen und manchmal geschlossen ist. Wenn eine Tür immer sperrangelweit offen steht, ist sie keine Tür, sondern ein Loch in der Mauer, durch das der Wind pfeift. Wenn eine Tür immer geschlossen bleibt, ist sie auch keine Tür, sondern eine hölzerne Wand inmitten einer steinernen Wand. Eine Tür muss sich öffnen und schließen.

Eine Tür hat nämlich zwei Aufgaben: Erstens muss man durch sie durchgehen und ins Haus gelangen können. Sie bietet einen Zugang, wo man nicht einfach durch das

Fenster klettern oder mit dem Kopf durch die Wand rennen kann. Dazu muss sie sich öffnen. Zweitens macht sie darauf aufmerksam, dass hinter ihr etwas Neues beginnt. Ohne Grund hat ein Weg keine Tür. An der Tür endet der öffentliche Bereich und es beginnt ein privater, amtlicher oder eben kirchlicher Bereich, der einen besonderen Schutz verdient. Dazu muss eine Tür geschlossen sein.

Je nach den Umständen ist manchmal die eine und manchmal die andere Funktion der Türe wichtiger. Manchen Menschen liegt mehr daran, dass keine Unbefugten eintreten. Manchen Menschen liegt mehr daran, dass niemand vor der Türe stehen muss. Manche Menschen stellen sich eine Türe spontan als offen und andere ebenso spontan als geschlossen oder versperrt vor.

Im Evangelium gebraucht Jesus das Bild von der Tür. Dabei wechselt das Bild rasch von der offenen zur geschlossenen Tür und umgekehrt. Im Johannesevangelium sagt Jesus einmal: „Ich bin die Tür" und erklärt das Bild: „wer durch mich hineingeht, wird gerettet" (Joh 10,9). Hier ist offenbar an eine offene Tür gedacht. In einigen Gleichnissen und Bildworten Jesu finden wir das Bild einer verschlossenen Tür, vor der Menschen stehen, klopfen und vergeblich Einlass begehren. Beides hat seinen Sinn.

Eine offene Tür ist ein schönes und einladendes Bild, ein Ausdruck dafür, dass wir ein gutes Verhältnis zu unseren Mitmenschen haben. Schön wäre es, wenn wir unsere Häuser offen lassen könnten und keine Einbrecher, Räuber und Mörder fürchten müssten. Schön wäre es auch, wenn wir keine Geheimnisse voreinander haben müssten und nichts hinter verschlossenen Türen tun müssten. Aber so ist unsere Welt nicht. Wenigstens in der Nacht, wenn wir schlafen, müssen wir unsere Türen schließen. Kleine Kinder sind da natürlicher. Sie schlafen nicht so gut ein, wenn sie allein sind. Sie schlafen leichter, wenn die Tür zu den Eltern ein wenig offen ist. Wenn es Streit gibt, dann knallen Türen zu. Wenn es Misstrauen gibt, werden Türen verschlossen. Offene Türen sind ein Zeichen für ein gutes gegenseitiges Verhältnis. Die offene Himmelstür ist ein Zeichen dafür, dass wir mit Gott in einem guten Verhältnis stehen.

So lädt Jesus die Menschen zu sich ein, damit sie durch ihn zu Gott finden, zu seinem und zu unserem Vater. So lädt auch die Kirche die Menschen zu sich ein, damit sie durch sie zu Jesus Christus finden. Die Tür zum Heil steht allen Menschen offen.

Freilich: Auch wenn die Tür offen ist, muss man selbst durchgehen. Manchmal habe ich den Eindruck, die Kirchentüren sind zwar offen, aber die Leute gehen nicht hinein, sondern erwarten, dass die Kirche umgekehrt durch ihre Wohnungstür zu ihnen ins Wohnzimmer kommt. Aber die Kirche überfällt niemanden, sondern lässt den Menschen ihre Freiheit und respektiert ihren privaten Bereich.

Die Kirchentüren machen darauf aufmerksam, dass hinter ihnen ein heiliger Raum liegt. Manche Kaufhäuser öffnen ihre Verkaufsräume fast ohne Türen zur Straße hin, damit die Kundinnen und Kunden gar nicht merken, dass sie gerade Geld ausgeben. Kirchen haben meistens große, schwere, aber auch schöne Tore. Sie erinnern daran: Hier ist ein Raum der Stille, des Gebets und der Gegenwart Gottes. Das drücken auch unsere Gewohnheiten beim Eintritt in die Kirche aus: Das Weihwasser erinnert daran, wie wir erstmals als Kinder zur Taufe mit Wasser ins Gotteshaus gebracht worden sind. Die Kniebeuge macht uns die Gegenwart Christi bewusst.

Wie gesagt, sind Kirchtüren zwar tagsüber, aber nicht immer offen. Unsere Kirche, unser Glaube und unser Heil haben ihre Zeit. Es ist ja eine Erfahrung der menschlichen Natur: Was wir immer tun können, das läuft Gefahr, dass wir es nie tun, denn wir haben nie einen Grund, es gerade heute und jetzt zu tun. Es wird immer etwas anderes geben, was wir auch zu tun hätten. Aber der Glaube ist wichtig und lässt sich nicht ständig auf die lange Bank schieben, der Kirchgang lässt sich nicht beliebig lang aufschieben. Man kann zu spät kommen und draußen stehen.

Vor einer versperrten Kirche können wir uns über den Pfarrer ärgern. Aber der Pfarrer ist nicht die Kirche, und die Kirche ist nicht Gott. Beten kann man zur Not auch auf der Straße. Christus, der Auferstandene, ist durch verschlossene Türen zu seinen Jüngern gekommen. Im Evangelium erinnert uns Jesus daran, neben allen anderen Dingen das Entscheidende nicht zu vergessen, das Leben mit ihm, mit Christus.

Der Himmel hat sich geöffnet

Aus einer Adventbesinnung

Das Weihnachtsgeheimnis ist so tief, dass man es nicht in einem einzigen Satz ausdrücken kann. Auf ganz unterschiedliche Weise haben die Menschen versucht, davon zu sprechen, wie Jesus Christus geboren wurde. Man kann mit den schlichten Worten des Lukasevangeliums von der Geburt Jesu sprechen. Man kann den erhabenen Satz des Johannesevangeliums hinzufügen: Das Wort ist Fleisch geworden (Joh 1,14). Man kann mit Paulus sagen: Er, der reich war, wurde unseretwegen arm, um uns durch seine Armut reich zu machen (2 Kor 8,9). Man kann sagen: Der unsichtbare Gott ist sichtbar als Mensch erschienen. Der große Gott ist ein kleines Kind geworden. Ein Licht erhellt die Finsternis. Ich möchte diesen Gedanken mit noch einem anderen Bild betrachten: Der verschlossene Himmel hat sich geöffnet.

Wenn wir vom geschlossenen oder vom offenen Himmel reden, ist das natürlich ein Vergleich oder eine bildhafte Rede. Aus der Astronomie wissen wir heute genau, dass der astronomische Himmel nicht so aussieht, wie er uns auf den ersten Blick erscheint. Die Welt hört nicht jenseits der Wolken auf. Da oben zwischen den Sternen ist nirgendwo eine Mauer, die uns vom Himmel trennt, und ohne Mauer kann dort auch keine Tür sein, die geöffnet oder geschlossen wird.

Aber diese Art von bildhafter Rede dürfte heute kein Problem mehr sein. Dass die kosmologischen Vorstellungen der Bibel keine ewigen Wahrheiten sind, sondern ebenso wie Sprache und Stil zur zeitbedingten Ausdrucksweise gehören, das haben wir inzwischen gelernt. Umgekehrt prägen die alten Bilder unsere Redeweise und unsere Vorstellungen bis heute. Da haben wir die kopernikanische Wende noch längst nicht vollzogen. Bis heute sagen wir, die Sterne stehen am Himmel. Dabei wissen wir sehr gut: Der Himmel ist keine Feste, auf der man stehen könnte, sondern die Sterne bewegen sich durch grenzenlose leere Räume. Bis heute sagen wir: Die

Sonne geht auf. Dabei wissen wir: Sie geht nicht auf, sondern die Erde dreht sich um sich selbst der Sonne entgegen. Es ist für uns kein Problem, zwischen beiden Sprachwelten zu wechseln. Es macht uns keine Schwierigkeiten, von der einen Vorstellung zur anderen überzugehen. Daher können wir das Weihnachtsgeheimnis durchaus im Bild von der geöffneten Himmelstür betrachten.

„Da öffnete sich der Himmel." Dieses Thema hat zwei Seiten. Die eine Seite betrachtet die Zeit vor Christus. Da ist vom verschlossenen Himmel die Rede. Es ist die Zeit des Alten Testaments. Es ist auch die adventliche Seite des Themas. Im Advent fühlen wir nämlich mit dem Volk Israel und seinen Propheten, die auf eine Hilfe von oben, vom Himmel her, gewartet und sich danach gesehnt haben, die darauf gehofft und in Bildern davon gesprochen haben.

Die zweite Seite des Themas betrachtet, was Jesus Christus neu gemacht hat: Er hat den Himmel für uns geöffnet. Das ist die neutestamentliche Seite des Themas. Hier spielen die Ereignisse rund um Weihnachten eine wichtige Rolle. Aber das Thema führt uns über Weihnachten hinaus durch die verschiedenen Bibelstellen des Neuen Testaments – letztlich bis zum Ende der Bibel, bis zur Offenbarung des Johannes.

Wie sich die beiden Seiten zu einem Ganzen zusammenfügen, das merkt man an der schönen Formulierung eines beliebten Kirchenlieds zum Advent: „Denn verschlossen war das Tor", heißt es darin mit emphatischen Worten und noch mehr mit einer emphatischen Melodie, „bis der Heiland trat hervor."

Sehnsucht

Das Lied „Tauet, Himmel" hat im Hintergrund eine Bibelstelle beim Propheten Jesaja: „Taut, ihr Himmel, von oben. Ihr Wolken, lasst Gerechtigkeit regnen." (Jes 45,8).

Vorausgesetzt ist die Vorstellung, dass der Himmel eine Feste ist, ein Firmament, und zwischen Gott und uns Menschen trennt. Wir haben unseren Bereich unterhalb des Himmels. Gott hat seinen Bereich oberhalb des Himmels. Von oben kann man freilich gut herabschauen; aber von unten sieht man nicht gut hinauf. Zumindest das Gefühl kennen wir heute auch, dass Gott uns fern oder fremd ist, dass eine Barriere zwischen ihm und uns besteht.

„Taut, ihr Himmel von oben. Ihr Wolken, lasst Gerechtigkeit regnen." Damit ist die Hoffnung angesprochen, dass die Himmelsfeste nicht unüberwindlich ist. Wenn wir schon nicht in den Himmel hinaufsteigen können, so kommt doch etwas vom Himmel herunter: Regen und Tau. Man hat sich vorgestellt, dass über dem Himmel nochmals Wasser ist. Deshalb ist der Himmel auch so blau wie das Meer oder wie ein See. Und man hat sich vorgestellt, dass es einige wenige kleine Öffnungen („Schleusen", vgl. Gen 7,11; 2 Kön 7,2.19; Mal 3,10) im Himmel gibt, durch die Wasser herunterkommt: der Regen und der Tau. Ausnahmsweise hat Gott den Israeliten in der Wüste durch diese Öffnungen einmal Manna regnen lassen, das Brot vom Himmel (Ps 78,23). Und so wie der Tau und der Regen, hofft der Prophet, soll ausnahmsweise wenigstens ein bisschen Gerechtigkeit wie durch eine kleine Luke vom Himmel kommen in unsere ungerechte Welt.

Man merkt, dass das mit dem Himmel oben ein Bild ist. Denn sofort fügt der Prophet ein zweites ergänzendes Bild an: „Die Erde tue sich auf und bringe das Heil hervor" (Jes 45,8).

Das Lied „Tauet, Himmel, den Gerechten" redet negativ vom „verschlossenen Tor", damit der Heiland umso heller glänzt. Doch auch bei Jesaja ist schon Hoffnung da, auch wenn er natürlich nicht von Jesus spricht. Wirklich nicht? „Ihr Wolken, lasst Gerechtigkeit regnen", das könnte man auch übersetzen: „lasst einen Gerechten regnen!" „Die Erde tue sich auf und bringe das Heil hervor." Aus dem „Heil" kann man nun wirklich nicht den „Heiland" machen. Aber immerhin hat dieses Wort „Heil" sprachlich mit dem Namen „Jesus" zu tun, der „Retter" oder „Heiland" bedeutet.

Im dritten Teil des Buches Jesaja ist die Sehnsucht gewachsen. Da betet der Prophet noch flehentlicher, dass sich der Himmel öffnet: „Reiß doch den Himmel auf und komm herab!" (Jes 16,19), heißt es da. Da genügen nicht kleine Öffnungen, da soll der Himmel mit Gewalt ein Loch bekommen. Nicht nur ein bisschen Gerechtigkeit und Heil soll kommen wie Tau, sondern Gott selbst soll kommen. Auch aus dieser Bibelstelle ist – in Verbindung mit der ersten – ein bekanntes Adventlied geworden: „O Heiland, reiß die Himmel auf!"

Aus dem Himmel

Jesus ist der Sohn Gottes, der zu uns gekommen ist. Woher ist er gekommen? Das ist eine Frage, die gar nicht so leicht zu beantworten ist. Zunächst haben die Leute gewusst: Er kommt aus Nazaret (Mk 1,9; Lk 2,39.51; 4,16), haben ihn den Nazoräer genannt (Mt 2,23; 21,19; Joh 1,45; 19,19) und gefragt: Kann von dort etwas Gutes kommen? (Joh 1,46). Geboren ist Jesus in Betlehem (Mt 2,1; Lk 2,4-6), von wo schon der König David stammt (vgl. 1 Sam 16,1) und von wo ein neuer König erwartet wurde (Mi 5,1; Mt 2,4-6; Joh 7,42). Doch so sehr Betlehem unsere Weihnachtserzählung bestimmt, ist auch das eine vordergründige Antwort. Jesus kommt von Gott, er kommt aus dem Himmel. Wie kommt er aus dem Himmel? Anscheinend muss der Himmel irgendwo geöffnet worden sein. Gott ist nicht mehr fern; er ist zu uns gekommen. Gott ist nicht mehr fremd, wir können ihm hier in unserer Welt begegnen. Er ist uns verständlich und zugänglich geworden. Wir haben eine Perspektive, die über diese ganze Welt hinausreicht. Die Tür des Himmels hat sich geöffnet.

Weihnachtsengel

Der Himmel hat sich geöffnet, damit Jesus in unsere Welt kommen konnte. Das drückt die Weihnachtsgeschichte sehr verhalten aus, aber es gibt doch deutliche Hinweise: Das sind die Engel, die aus dem Himmel zur Erde kommen.

Die Engel gehören in den Himmel. Wenn sie auf der Erde erscheinen, dann hat sich der Himmel ein wenig geöffnet. Ein Beispiel ist der Patriarch Jakob. Er sieht im Traum eine Leiter zum Himmel, auf der die Engel auf- und niedersteigen (Gen 28,12). Darauf sagt er: „Hier ist nichts anderes als das Haus Gottes und das Tor des Himmels" (Gen 28,17). Das Gleiche hat Jesus seinen Jüngern versprochen: „Ihr werdet den Himmel geöffnet und die Engel Gottes auf- und niedersteigen sehen über dem Menschensohn" (Joh 1,51).

In der Weihnachtsgeschichte kommen die Engel recht oft aus dem Himmel. Zunächst kündigt der Engel Gabriel dem Zacharias die Geburt Johannes des Täufers an (Lk 1,5-25) und danach Maria die Geburt Jesu (Lk 1,26-38). Dreimal erscheint ein Engel Josef und sagt ihm, er solle Maria heiraten (Mt 1,19-23), nach Ägypten fliehen (Mt 2,13) und nach dem Tod des Herodes zurückkehren (Mt 2,19). Vor allem verkündet in der Heiligen Nacht der Weihnachtsengel den Hirten die Geburt Jesu (Lk 2,8-12), und ein himmlisches Heer lobt Gott (Lk 2,13f) und kehrt dann in den Himmel zurück (Lk 2,15). Der Himmel ist offen, nicht nur für Jesus, der in die Welt kommt, sondern auch für die Engel, die seine Ankunft begleiten.

Es gibt ein volkstümliches Weihnachtslied, das genau dieses Gedanken entfaltet: „Es hat sich halt eröffnet das himmlische Tor". Darin wird sehr liebevoll und anschaulich geschildert, wie die Engel gleich haufenweise aus dem Himmel herauskugeln.

„Ich bin die Tür"

Zu Joh 10,7.9

Am vierten Sonntag der Osterzeit hören wir jedes Jahr ein Evangelium von Jesus, dem guten Hirten. Wie ein guter Hirte sich um seine Schafe kümmert, so sorgt Jesus für die Menschen, die sich ihm anvertrauen. In unserer modernen Welt treffen wir zwar selten einen Hirten. Aber das Bild des Hirten ist uns vertraut; wir können es uns gut ausmalen und es verstehen.

In der Rede vom guten Hirten gebraucht Jesus noch ein anderes Bild, das ich auch schön finde, das aber unter den Hirtengleichnissen ein wenig untergeht. Jesus sagt: „Ich bin die Tür" (vgl. Joh 10,7-10). Das muss er den Jüngern deutlicher erklären: Durch ihn gehen die Schafe aus und ein, in den sicheren Stall und auf fruchtbare Weide. Wo jemand aus und ein geht, da ist er zu Hause. Bei Jesus dürfen wir uns daheim fühlen. Für den Dieb ist Jesus eine verschlossene Tür. Wichtiger aber ist das einladende Bild der offenen Tür: Jesus ist eine offene Türe; durch ihn gelangen wir zum Leben. Er lädt uns ein zu einem Leben in Fülle (Joh 10,10).

Maria, du Himmelspforte

Zum Hochfest der Gottesmutter am Neujahrstag

Es ist der 1. Januar. Wir sind in ein neues Jahr eingetreten. Der Name des Monats Januar ist verwandt mit dem lateinischen Wort für Tür, mit „ianua". Eine Tür ist ein freundliches und einladendes Bild, wenn sie offen ist. Der 1. Januar ist unsere Tür, durch die wir in das neue Jahr gelangt sind. Zugleich ist der 1. Januar das Fest der

Gottesmutter Maria. Mit ihr beginnen wir dieses Jahr. Maria ist sozusagen unsere Tür in dieses Jahr.

Maria eine Tür zu nennen, das klingt auf den ersten Blick befremdlich – allerdings nur auf den ersten Blick. In Wirklichkeit ist Maria schon früh und oft mit einer Tür verglichen oder Tür genannt worden ist, besonders in Gedichten und Liedern.

Da Maria Jesus während der Schwangerschaft neun Monate in ihrem Leib getragen hat, hat man zunächst gesagt: Sie ist so wie sein Haus, seine Wohnung oder sein Tempel. Da sie das aber nur vorübergehend für neun Monate war, hat man später gesagt: Maria ist die offene Pforte des Himmels, durch die Jesus aus dem Himmel auf die Erde gekommen ist. Das singen wir etwa im Lied „Wunderschön prächtige" in der alten Strophe: „Selige Pforte warst du dem Worte".

Maria ist die offene Tür, durch die Jesus vom Himmel auf die Erde gekommen ist. Dieser Vergleich hat noch eine zweite Seite. Wenn die Tür offen ist, ist sie nach beiden Richtungen offen, zum Hinausgehen und zum Hineingehen. Daher konnte man das Bild später umdrehen. Maria ist die offene Türe des Himmels. Nicht nur ist durch sie Jesus vom Himmel auf die Erde gekommen, sondern durch sie gelangen auch wir von dieser Erde in den Himmel.

Auch diese Wendung des Bildes finden wir in manchen Liedern. „Allzeit offene Pforte des Himmels" wird Maria genannt. „Du Pforte des Himmels" – dieser Titel findet sich unter den fremdartigen Titeln Mariens in der lauretanischen Litanei. Aber so fremdartig ist er gar nicht, wenn man darüber nachdenkt.

Maria soll uns auch die Tür dieses neuen Jahres sein und uns dieses neue Jahr aufschließen. Denn auch dieses Jahr wird uns der ewigen Vollendung näher bringen, dem Himmel, mit dessen Tür wir Maria vergleichen.

Türen ins Leben öffnen

Aus einer Predigt zum Muttertag und zum Guten-Hirten-Sonntag

Es gibt viele Menschen, die anderen Gutes tun. Aber heute greifen wir von ihnen allen die Mütter heraus. Was Maria für Jesus war und ist, das sind oft auch Mütter für ihre Kinder. Sie waren für ihre Kinder wie die Tür, durch die sie ins Leben gekommen sind. Mit Gottes Hilfe können sie für ihre Kinder auch die Tür werden, durch die diese zum Glauben und zum ewigen Leben finden. Von unseren Müttern haben wir das Leben und oft auch den Glauben bekommen. Beides gibt reichlich Grund, ihnen dankbar zu sein.

Dafür sind die Mütter wichtig, aber es ist nicht die Aufgabe der Mütter allein. Am Sonntag des guten Hirten spricht man auch von den Seelsorgern und Priestern: Sie sollen gute Hirten sein, wie Jesus der gute Hirt ist. Türen öffnen ist auch unsere Aufgabe: Türen ins Leben öffnen, besonders aber die Türen des Glaubens für das ewige Leben. Manchem Unfug und Unheil müssen wir uns zwar verschließen; gerade den Dieben und Räubern müssen wir uns verschließen, von denen Jesus im Bild spricht und vor denen er warnt (Joh 10,8). Aber wenn wir den Glauben recht verstehen, dann schließt er nicht Türen, sondern öffnet sie, damit unsere Leben weit und schön wird, damit wir zum Leben gelangen, zu einem Leben in Fülle (Joh 10,10).

Was bedeutet es für uns, dass sich der Himmel öffnet?

Aus einer Adventbesinnung

Die Antwort auf diese Frage ist gut zusammengefasst im letzten Buch der Bibel, in der Offenbarung des Johannes. Das ist ein geheimnisvolles Buch. In vielen Visionen beschreibt der Seher die bevorstehenden Plagen, aber auch das himmlische Jerusalem. Am Beginn, bevor die ersten Visionen geschildert werden, heißt es: „Eine Tür war geöffnet am Himmel; und die Stimme, die vorher zu mir gesprochen hatte und die wie eine Posaune klang, sagte: Komm herauf, und ich werde dir zeigen, was dann geschehen muss." (Offb 4,1). Auch hier ist also davon die Rede, dass eine Tür am Himmel geöffnet ist. Das bedeutet drei Dinge:

Erstens: Der Seher hört eine Stimme aus dem Himmel. Gott spricht mit uns Menschen. Er kann uns etwas sagen.

Zweitens: Der Seher kann in den Himmel hineinschauen. Gott zeigt ihm, was geschehen muss. Er sieht das himmlische Jerusalem.

Drittens: Der Seher kann durch die Tür hinauf in den Himmel gehen. Der Himmel ist offen. Man kann hineingehen.

Gott kann uns etwas aus dem Himmel sagen.
Nach der Geburt Jesus öffnet sich der Himmel nochmals bei seiner Taufe (Mt 3,16; Mk 1,10; Lk 3,22). Der Heilige Geist kommt herab, und man hört die Stimme Gottes: „Du bist mein geliebter Sohn, an dir habe ich Gefallen gefunden." (Mk 1,11 par Mt 3,17; Lk 3,22). Ohne dass sich der Himmel erst eigens öffnen muss, hören drei Jünger bei der Verklärung Jesu auf dem Berg Tabor wiederum die Stimme Gottes: „Das ist mein geliebter Sohn; auf ihn sollt ihr hören" (Mk 9,7 par Mt 17,5; Lk 9,35). Auch beim letzten öffentlichen Auftritt Jesus hören die Menschen eine Stimme vom Himmel, die die Verherrlichung Jesu ankündigt (Joh 12,28). Nachdem sich der

Himmel geöffnet hat, können die Menschen also die Stimme Gottes hören. Wir können mit Gott reden. Er sagt uns etwas. Wir wissen, was wir tun sollen, worauf es Gott ankommt. Er ist uns nicht mehr fremd und fern.

Wir können in den Himmel hineinschauen.
Dafür finden wir in der Bibel ein schönes Beispiel. Gleich nach Weihnachten feiern wir das Fest des heiligen Stephanus, der als erster Christ sein Leben für Jesus hingegeben hat. Die brutale Erzählung von seinem Tod passt für unser Empfinden schlecht in die friedliche Weihnachtszeit. Aber dass der Himmel offen ist und wir hineinsehen können, ist die Voraussetzung dafür, dass Stephanus bis zum Äußersten gehen kann. Als er gesteinigt werden soll, da hebt er die Augen zum Himmel. Er sieht den Himmel offen und Jesus zur Rechten Gottes stehen. Der Himmel ist offen. Stephanus kann hineinsehen (vgl. Apg 7,55f).

Wir können in den Himmel hineinkommen.
Zu Weihnachten feiern wir: Der Himmel ist offen. Jesus ist in die Welt gekommen. Zur gegebenen Zeit vierzig Tage nach Ostern verlässt er die Erde wieder und kehrt in den Himmel zurück (vgl. Lk 24,51; Apg 1,9). Das feiern wir zu Christi Himmelfahrt. Wenn die Himmelstür offen ist, ist sie nach beiden Seiten hin offen. Jesus kann aus dem Himmel auf die Erde kommen. Aber er kann auch wieder von der Erde in den Himmel auffahren. Und nicht nur er! Wir haben ja auch das Fest Mariä Himmelfahrt. Auch für Maria steht der Himmel offen. Auch sie ist in den Himmel gelangt.
Das ist ein Hinweis für uns: Im Grunde steht auch uns der Himmel offen. Jesus hat für uns die Himmelstür geöffnet. Wir können in den Himmel kommen. Wer ernsthaft nach Gott fragt und den Weg zum Himmel sucht, wird zu Gott in den Himmel finden.

Tage und Jahre der offenen Tür

Zum Fest der Taufe Jesu

Zur Taufe Jesu veranstaltet der Himmel einen „Tag der offenen Tür". Im Evangelium heißt es nämlich, der Himmel öffnete sich, der Heilige Geist kam herab und eine Stimme aus dem Himmel sprach. Der Himmel hat also einen „Tag der offenen Tür". Mit dem Fest der Taufe Jesu endet der Kreis der Feste um Weihnachten. Das Himmelstor hat sich geöffnet und der Sohn Gottes ist vom Himmel auf die Erde gekommen. So verstehen wir es auch, wenn sich bei der Taufe Jesu der Himmel öffnet: Im Wort, in der Stimme vom Himmel und im Geist ist Gott uns nahe gekommen. Deshalb feiern wir die Taufe Jesu.

Zur Taufe Jesu veranstaltet der Himmel einen Tag der offenen Tür. Das könnte man auch falsch verstehen. An einem „Tag der offenen Tür" dürfen die Menschen hineingehen, wo sie sonst nicht hinkommen. „Tage der offenen Tür" finden normalerweise dort statt, wo die Türen sonst immer geschlossen sind. Bei der Taufe Jesu, erzählt die Bibel, hat sich der Himmel geöffnet. Aber später wird nie mehr gesagt, dass sich der Himmel wieder geschlossen hätte. Es wird auch nicht indirekt gesagt, etwa so, dass er sich später erneut geöffnet hätte. Aber mehrfach lesen wir, dass jemand den Himmel offen gesehen hat: Natanael, Stephanus, Petrus und der Seher der geheimen Offenbarung. Auf dem Berg der Verklärung hören die Jünger erneut eine Himmelsstimme wie bei der Taufe Jesu, ohne dass sich dazu der Himmel nochmals öffnen müsste. Nach der Auferstehung fährt Jesus zum Himmel auf, ohne dass sich der Himmel für ihn auftun müsste. Der Himmel bleibt offen.

Wo eine Tür offen ist, ist sie nach beiden Seiten hin offen: Man kann hinaus- und hineingehen. Wenn der Himmel offen ist, dann wirkt Gott frei in unserer Welt, schickt uns Zeichen seines Wohlwollens und seiner Gnade. Wir stehen zu Gott in einer Beziehung. Wenn der Himmel offen ist, dann habe auch wir Zugang zu Gott, dann können wir zu ihm in den Himmel gelangen.

Die Tür des Himmels ist zwar offen, aber hineingehen müssen wir selbst. Jesus hat uns alle Hilfen gegeben, die wir dazu brauchen. Vor allem hat er uns seine Taufe gegeben. Aber Menschen, die selbst gehen können, sollen auch selbst gehen. Das kann für uns gefährlich werden. Gerade wenn uns eine Tür immer offen steht und wir uns immer willkommen fühlen, kann es sein, dass wir den Eintritt einen Tag um den anderen verschieben. Deshalb erzählt Jesus auch ernste Gleichnisse von Menschen, die zu spät kommen und vor einer verschlossenen Türe klagen (Mt 25,10f; Lk 13,25). Das heißt nicht, dass er uns die Himmelstür wieder verschließen wollte. Aber es heißt doch, dass eine Zeit zum Eintritt passt und dass sie auch wieder vorübergehen kann.

Zur Taufe Jesu veranstaltet der Himmel einen „Tag der offenen Tür", habe ich anfänglich behauptet. Es bleibt nicht bei diesem einen Tag der offenen Tür. Es werden daraus Tage, Jahre und Jahrtausende der offenen Tür. Der Himmel steht uns immer offen. Aber das Fest der Taufe Jesu ist für uns eine Einladung: Machen wir uns jetzt auf den Weg, durch die Himmelstür zu Gott einzutreten.

Petrus, der Pförtner des Himmels

Zu Mt 16,31-20

Ein Bild oder eine Statue des heiligen Petrus erkennt man ziemlich leicht. Petrus ist immer mit Schlüsseln dargestellt. Das geht auf das Evangelium zurück, in dem Petrus Christus als den Messias und als den Sohn Gottes bekennt und von ihm die Schlüssel des Himmelreichs übertragen bekommt.

Dieses Bildwort hat stark auf volkstümliche Vorstellungen gewirkt. Es gibt eine ganze Reihe von Witzen und Geschichten, in denen Petrus als strenger Pförtner an der Himmelstür steht und Unwürdige am Eintritt hindert. Teils weist Petrus in solchen Witzen die Menschen ab, teils lässt er sie nur widerwillig ein. Ob wir hier die richtige Vorstellung von seiner Schlüsselstellung haben?

Wenn wir überlegen, was sich alles in unseren Taschen befindet, werden viele auch einen Schlüssel eingesteckt haben. Das ist praktisch: Ein Schlüssel ist recht klein und handlich. Man kann ihn leicht in die Tasche stecken. Trotzdem kann er uns den Zugang zu recht großen Dingen eröffnen und ihn anderen verschließen: den Zugang zu Häusern, Wohnungen und Autos. Beide Aufgaben hat der Schlüssel. Er ist da zum Zusperren und zum Aufsperren, zum Schließen und zum Öffnen.

Sprachlich hängt das Wort „Schlüssel" zusammen mit „Schloss" und mit „schließen", übrigens nicht nur in der deutschen, sondern auch in der lateinischen und in der griechischen Sprache. Theoretisch könnte das Ding ja auch „Öffsel" heißen wie „öffnen", aber es heißt nun einmal „Schlüssel" wie „schließen".

Doch anders ist es mit den Redewendungen, die wir gebrauchen. Der „Schlüssel zum Erfolg" soll uns den Erfolg erschließen. Der „Schlüssel zum Glück" soll uns das Glück eröffnen. Hier ist unsere Vorstellung davon geprägt, dass man mit dem Schlüssel aufschließen kann. Auch das hebräische Wort für „Schlüssel" hat sprachlich mit „öffnen" zu tun.

Genau so ist es zu verstehen, wenn Jesus Petrus die „Schlüssel des Himmelreichs" übergibt. Petrus soll den Menschen den Weg ins Himmelreich nicht versperren, sondern er soll ihnen den Weg ins Himmelreich öffnen. Er soll also kein strenger Pförtner sein, der möglichst niemanden einlässt, wie das in so vielen Witzen dargestellt wird. Er soll vielmehr dafür sorgen, dass möglichst vielen Menschen das Himmelreich offen steht.

Unsere evangelischen Schwestern und Brüder deuten diese Bibelstelle so, dass das eine Aufgabe für Petrus persönlich ist. Nach katholischem Verständnis hat Petrus in diesem Amt einen Nachfolger, nämlich den Papst. Der Papst hat eine

Schlüsselstellung in der römisch-katholischen Kirche. Er hat große Macht und daher auch große Verantwortung. Diese hat er aber dazu, dass er den Menschen den Weg zum Himmel erschließt und eröffnet. Es wäre für ihn ein schwerer Fehler, wenn er ihnen den Weg zum Himmel eher verschließt und sie behindert. Dazu hat er die Schlüsselgewalt nicht bekommen. Unter seiner Leitung soll uns die Kirche in den Himmel führen, und wir sollen uns entsprechend führen lassen.

Freilich ist der Papst nur ein Mensch. Man kann nicht erwarten, dass er sich um alle einzeln kümmert. Gerade wir Priester und gläubige Christen können füreinander zu Hindernissen oder zu Hilfen werden auf dem Weg zu Gott. Wenn die Leute sehen, was mit unserem Leben nicht in Ordnung ist, sagen sie vielleicht: Da fällt es mir schwer zu glauben. Das ist ein Hindernis. Jedoch kann ein gutes Wort zu rechten Zeit, eine gute Tat, wo es nötig ist, und ein ehrliches Leben aus dem Glauben für andere auch eine Hilfe werden auf dem Weg zu Gott.

Petrus bekommt also die Schlüssel zum Himmelreich, damit er anderen den Weg dorthin eröffnet. Das ist heute die Aufgabe des Papstes. Aber wir alle hoffen, dass wir unseren Beitrag dazu leisten, dass sich anderen das Himmelreich öffnet.

Taufe

Zu Apg 10, aus einer Adventbesinnung

In der Bibel gibt es noch eine Erzählung über den heiligen Petrus, die zum Thema des offenen Himmels gehört. Petrus hat eine Vision, in der er den Himmel offen sieht. Er sieht ein Tuch mit unreinen Tieren. Ihm wird gesagt, er solle davon schlachten und essen. Aber Petrus weigert sich; als gläubiger Jude hat er noch nie etwas Unreines, sondern nur Koscheres gegessen. Darauf antwortet die Stimme: „Was Gott für rein erklärt, das nenne du nicht unrein!" (Apg 10,9-16; vgl. Apg 11,4-10). Die Deutung der Vision wird sofort gegeben. Der Hauptmann Cornelius ist kein Jude und hält sich nicht an jüdische Reinheitsvorschriften. Aber der Heilige Geist weist ihn an, er solle Petrus rufen und sich von ihm die christliche Lehre erklären lassen (Apg 10,1-8; vgl. Apg 11,13f). Petrus erkennt das Wirken des Heiligen Geistes und kann schlecht jemandem die Taufe verweigern, der schon den Heiligen Geist von Gott bekommen hat (Apg 10,44-48; vgl. Apg 11,15-17). Seither gibt es in der Kirche Juden und Heiden. Allen soll die Tür zum Himmel offen stehen, alle sollen den Weg des Heils finden.

Auch für uns ist die Taufe der entscheidende Moment in unserem Leben. Meist ist uns das nicht bewusst, weil wir schon als Kinder getauft sind und keine Erinnerung daran haben, wie es davor war. Das bedeutet nicht unbedingt, dass die Himmelstür nur für die Getauften offen ist, und nicht etwa auch für Menschen, die von ganzem Herzen die Wahrheit suchen und sich nach Kräften um ein gutes Leben bemühen, aber ohne eigene Schuld nichts Richtiges von Jesus gehört haben und nicht getauft werden konnten. Nicht bei unserer Taufe, sondern bei der Taufe Jesu hat sich der Himmel für uns geöffnet. Sogar für die Menschen hat er sich geöffnet, die vor Jesus gelebt haben und bei seiner Taufe schon gestorben waren, beispielsweise für die Propheten, die zu Gott leidenschaftlich darum gebetet haben, dass sich der Himmel öffnen möge. Aber da wir in einem christlichen Land mit alter Tradition leben, sollen wir nicht lange darüber nachdenken, was Gott auch ohne Taufe tun könnte, sondern sollen die Kinder taufen und sie so auf den Weg in den offenen Himmel schicken.

Die Tür bleibt einen Spalt weit offen

Zu Mt 21,28-32

„Wer von den beiden Söhnen hat den Willen seines Vaters erfüllt?" Das fragt Jesus im Evangelium die Hohepriester und Ältesten. Und sie antworten ohne Zögern: „Der zweite!" Woran haben sie das gemerkt? Der zweite Sohn hat getan, was der Vater wollte, auch wenn er es nicht gesagt hat. Im Gegensatz dazu hat der erste Sohn zwar gesagt, was der Vater hören wollte, sich aber dann nicht daran gehalten. Letztlich kommt es nicht auf das Reden an, sondern auf das Tun.

Die reden nur, aber tun es selbst auch nicht! – Darin liegt ein harter Vorwurf. Diesen harten Vorwurf kann man sich leicht zuziehen, sobald man etwas sagt, besonders wenn man von Werten sprechen und eine moralischen Anspruch vertreten muss – wenn man predigt, als Politiker eine Rede hält, Kinder oder Jugendliche ermahnt oder sich als Christ deklariert. Denn wir reden schnell und leicht, aber das Tun macht Mühe und geht langsam. So rasch entschlüpft uns ein Wort, das uns nachher Leid tut!

Deshalb gibt uns Jesus im Evangelium noch eine Lehre mit auf den Weg: Nicht auf den Beginn, sondern auf das Ende kommt es an – darauf, wie eine Sache ausgeht. Solange wir noch auf dem Weg sind, solange können wir etwas ändern. Nicht nach der ersten Reaktion werden wir beurteilt, sondern nach den Taten, zu denen wir uns schließlich durchringen.

Dem zweiten Sohn entfährt zunächst ein mürrisches Nein. Aber er ist nicht auf ein falsches Wort festgelegt. Er kann sich ändern. Er kann sich bessern. Der Weg der Reue und der Umkehr steht ihm offen.

Ähnlich ist es mit den Zöllnern und Dirnen, an denen Jesus seine Lehre veranschaulicht. Gerade von ihnen ließe sich schwerlich behaupten, dass sie den Willen Gottes, wenn schon nicht im Reden, so doch im Tun erfüllt hätten. Gerade sie verhalten sich unmoralisch. Aber anscheinend haben sie die Gelegenheit ergriffen, die Johannes der Täufer ihnen geboten hat, und ihr Leben geändert; und diese Änderung hat sich dann sehr wohl in ihrem Leben und in ihrem Tun gezeigt.

Wie ist das mit den Hohepriestern und den Ältesten, denen Jesus die Geschichte von den zwei Söhnen erzählt und die er mit den Zöllnern und Dirnen vergleicht? Den Pharisäern und Schriftgelehrten hat Jesus vorgeworfen, dass sie anderen schwere Lasten aufbürden, aber selbst keinen Finger krumm machen (Mt 23,4). Aber die Sache ist nicht hoffnungslos. Zöllner und Dirnen werden vor den Hohepriestern und den Ältesten in das Reich Gottes gelangen. Doch die Tür bleibt einen Spalt weit offen. Auch die Hohepriester und die Ältesten können in das Reich Gottes nachkommen. Sie können ihr Leben ändern. Sie haben zwar bisher nicht bereut und nicht geglaubt. Aber auf das Ende kommt es an. Vielleicht werden sie noch einmal glauben, umkehren und den Willen Gottes tun.

Auch für uns gilt: Nicht auf das Reden kommt es an, sondern auf das Tun. Wir sind nicht auf die erste falsche Reaktion festgelegt, sondern werden nach dem beurteilt, wozu wir uns letztendlich durchgerungen haben. Die Tür bleibt einen Spalt weit offen. Wir können unser Leben bessern.

Sind unsere Türen für Gott offen?

Aus einer Adventbesinnung

Der Himmel steht uns offen. Der Weg zu Gott ist frei. Aber umgekehrt stehen wir vor einer schwerwiegenden Frage: Sind unsere Türen für Gott offen? Diese Frage führt uns zur Offenbarung des Johannes. Dort spricht Jesus nämlich: „Ich stehe an der Tür und klopfe an. Wer meine Stimme hört und die Tür öffnet, bei dem werde ich eintreten und wir werden Mahl halten, ich mit ihm und er mit mir" (Offb 3,20). Diese Bibelstelle passt besonders für den Advent, wenn wir auf das Kommen Jesu warten. Nicht alle Türen öffnen sich für Jesus. Nicht überall ist er willkommen und wird freundlich aufgenommen. Als Kind musste er nach Ägypten fliehen (Mt 2,13-15). Geboren ist er in einem Stall, „weil in der Herberge kein Platz für sie war" (Lk 2,7). Besonders geschmerzt haben in dieser Formulierung wohl die zwei Wörter „für sie". Für andere wäre schon noch Platz gewesen, für die heilige Familie nicht. Als Jesus später umherzog und predigte, hatte er keinen Ort, um sein Haupt hinzulegen (Mt 8,20 par Lk 9,58). Am Beginn des Johannesevangeliums heißt es entsprechend: „Er kam in sein Eigentum, aber die Seinen nahmen ihn nicht auf" (Joh 1,11). Das Himmelstor hat uns Jesus geöffnet. Aber sind unsere Türen für Jesus offen?

Öffne dich!

Zu Mk 7,31-37

Mit dem Ruf „Effata" heilt Jesus einen Taubstummen. „Effata" bedeutet „Öffne dich!" Es ist einer der ganz wenigen Aussprüche Jesu, die in seiner aramäischen Muttersprache überliefert sind. Es war wohl ein sehr wichtiges und für Jesus bezeichnendes Wort.

„Effata – Öffne dich!", sagt Jesus dem Taubstummen. In diesem Augenblick steht der Taubstumme vor einer Entscheidung. Es gibt nämlich verschiedene Wege, das wahre Glück zu suchen. Der eine Weg führt uns dahin, dass wir uns öffnen für die Welt in ihrer Schönheit, für die Begegnung mit den Mitmenschen und mit Gott. Der andere Weg leitet uns an, dass wir uns abschließen, ruhig werden, in uns selbst schauen und dort nach dem Göttlichen suchen.

Diese beiden Wege lassen sich nicht immer leicht unterscheiden, weil sie meistens von ihrem Gegenteil begleitet werden. Wer sich der Welt, den Menschen und Gott öffnet, wird auch die Stille suchen und ungestört vom alltäglichen Lärm umso aufmerksamer sein. Wer sein Glück in sich selbst sucht, kommt meist nicht allein auf diese Idee, sondern hört solche Lehren von seinen geistlichen Lehrmeisterinnen und Lehrmeistern.

Beide Wege, das wahre Glück zu suchen, sind reale Möglichkeiten. Während Jesus dem Taubstummen sagt: „Öffne dich!", lehrten beispielsweise die griechischen Weisen: „Erkenne dich selbst!" Im Kreis der Religionen gehen die westlichen Religionen eher den Weg der Öffnung und die asiatischen Religionen eher den Weg der inneren Versenkung. Aber auch bei uns ist dieser Weg in der Esoterik bekannt.

Auf welchen Weg wir Christen gesandt sind, ist klar. Jesus sagt nämlich: „Öffne dich!" Unser Weg ist es, uns der Welt in ihrer Größe und Schönheit zuzuwenden, uns unseren Mitmenschen zu öffnen, Nächstenliebe zu üben und uns für die Begegnung mit Gott bereit zu machen. In unseren Betrachtungen kreisen wir nicht um uns selbst, und innerlich leer werden wir nur, um umso größere Fülle zu finden. Unsere Gebete und Betrachtungen haben ein Thema.

In der Taufe der Kinder erinnert ein Gebet an die Heilung des Taubstummen. Dann sagt der Taufspender dem Kind: „Effata – Der Herr öffne dir die Ohren und den Mund!" Damit ist uns Christen gesagt, wir sollen den Weg der Öffnung gehen und so das wahre Glück suchen.

Auf dem Weg

Auf die Uhr schauen

Zu Koh 3,1-8

In einem Pfarrhof hängt ein lebensgroßes Porträt eines Mannes, der schwarze geistliche Kleidung trägt und finster und streng dreinschaut. Dieser Mann war dort im 18. Jahrhundert Pfarrer, und das Bild hat einer seiner Nachfolger mit Absicht so aufgehängt, dass der Kaplan, wenn er am Morgen aus seinem Zimmer kommt, als Erstes dieses Bild sieht. Der strenge Pfarrer auf dem Bild zeigt nämlich mit dem Finger auf die Uhr. Das sollte dem Kaplan gleich in der Früh zu verstehen geben: Beeile dich! Du hast schon wieder verschlafen! Du kommst schon wieder zu spät!
Wir alle haben Uhren bei uns. Wenn wir keine Uhr haben, so haben wir wenigstens ein Handy. Auch die Kirchtürme haben ihre Uhren und zeigen uns die Zeit. Wir haben gelernt, die Uhr zu lesen. Sie sagt uns: Jetzt ist es 19 Uhr und 15 Minuten. Aber das ist bei Weitem nicht alles, was uns die Uhr sagt. Sie sagt auch, was der strenge Pfarrer auf dem Bild ausdrückt: Beeile dich!
„Alles hat seine Zeit", sagt uns in der Bibel das Buch des weisen Kohelet. Wir können die richtige Zeit versäumen und zu spät kommen. Ein Bus oder ein Flugzeug wartet nicht auf uns. Die Messe sollte pünktlich beginnen; der große Gott ist mir so wichtig, dass ich ihn nicht warten lassen will. Wir müssen rechtzeitig da sein. Die Zeit haben Maler und Bildhauer dargestellt mit einer Locke über der Stirn, aber einer Glatze am Hinterkopf. Wenn wir bereit sind, können wir sozusagen die Gelegenheit

am Schopf fassen. Aber wenn wir ihr hinterherlaufen, lässt sie sich nicht mehr greifen.

Beeile dich!, sagt uns die Uhr zuweilen. Oft genug sagt sie uns auch im Gegenteil: Du musst noch warten. Viele Dinge in unserem Leben brauchen Geduld. Kinder wachsen nicht schneller, wenn man sie an Haaren oder Ohren nach oben zieht. Verständnis und Vertrauen entstehen langsam. Alles hat seine Zeit. Die richtige Zeit müssen wir erwarten können. Wir brauchen Geduld miteinander. Mit uns selbst brauchen wir Geduld. Manchmal brauchen wir sogar Geduld mit Gott. Auch er hat ja Geduld mit uns. Manche Sehnsucht erfüllt sich erst im ewigen Leben.

Beeile dich!, sagt uns die Uhr manchmal, und manchmal sagt sie uns: Du brauchst Geduld! Ein Drittes sagt sie uns auch noch, das besonders schwer zu verstehen ist. Die Uhr sagt uns auch: Nütze die Zeit! Auf dem eingangs beschriebenen Bild weist der dargestellte Pfarrer auf die Uhr, und die Zeiger der Uhr stehen auf drei Uhr. Drei Uhr war genau die Todesstunde dieses Pfarrers. Die Zeit, die Gott uns schenkt, sollen wir nützen. Für jeden von uns hat der Tag nur vierundzwanzig Stunden. Wir können nicht eine zusätzliche Stunde einschieben. Was wir erreichen müssen, müssen wir in dieser Zeit erreichen. Auch unser Leben in dieser Welt wird nicht ewig dauern. In den Jahren unseres Lebens müssen wir so werden, wie wir dann in der Ewigkeit sein wollen. In dieser begrenzten Zeit müssen wir zum unvergänglichen Heil finden.

Wir alle haben Uhren und können sie lesen. Meine Uhr zeigt inzwischen 19 Uhr 23 Minuten. Aber sie sagt mir noch ganz anderes. Sie sagt: Beeile dich, damit du nicht zu spät kommst! Sie sagt: Du musst warten können. Du brauchst Geduld! Und sie sagt mir: Nütze die Zeit, die Gott dir geschenkt hat!

Sehen und hören

Zu Mk 2,1-12

Was ist schlimmer: nicht sehen können oder nicht hören können? Blind sein oder taub? Diese Frage ist vielleicht nicht klar zu beantworten. Gesund fühlen wir uns mit guten Augen *und* mit guten Ohren. Aber diese Frage unterscheidet unter den Menschen optische und akustische Typen, Ohrenmenschen und Augenmenschen.

Das ist eine Frage auch für unseren Glauben: Was ist schlimmer: taub sein für das Wort Gottes und seinen Ruf nicht hören? Oder blind sein für seine Herrlichkeit und sein Wirken in dieser Welt nicht sehen? Denn auch hier gibt es Augenmenschen und Ohrenmenschen.

Die Juden, sagt man, waren Ohrenmenschen. Sie sagen: Es kann ohnehin niemand Gott sehen oder seine Ratschlüsse begreifen. Daher kommt es darauf an, auf sein Wort zu hören, und es ist schlimm, seine Gebote nicht zu befolgen.

Die Griechen, sagt man, waren Augenmenschen. Sie sagten: Die Menschen reden viel, und das meiste davon ist Geschwätz. Mit eigenen Augen will ich die Herrlichkeit der Welt sehen und die Gottheit dahinter begreifen.

Es gibt also auch im Glauben Augenmenschen und Ohrenmenschen. Das Evangelium ist im jüdischen Volk entstanden und in der griechischen Kultur verbreitet, in jüdischer Sprache gepredigt und in griechischer Schrift aufgeschrieben. Daher wenden sich die Christen an beide, an Augenmenschen und an Ohrenmenschen. Dafür finden wir mehrere Beispiele, auch im Abschnitt des Evangeliums, der von der Heilung des Gelähmten handelt.

Ein Beispiel ist die Vergebung der Sünden. Jesus spricht ein Wort der Vergebung und der Sünder hört es: „Deine Sünden sind dir vergeben!" (Mk 2,5). Für einen Ohrenmenschen reicht das, aber die Augenmenschen sind damit nicht zufrieden. Für sie heilt Jesus sichtbar den Gelähmten. Wer das tun kann, hat gewiss auch Macht,

Sünden zu vergeben. So finden sie durch die sichtbare Heilung den Glauben an das hörbare Wort der Vergebung.

Wichtig ist das vor allem für Gott selbst. Es gibt, wie gesagt, Ohrenmenschen. Sie wissen: Wir können Gott nicht sehen, wir können nur sein Wort hören. Jesus aber ist auch für Augenmenschen gekommen. Wer ihn sieht, der sieht den Vater, den unsichtbaren Gott. Nur Gott kann Sünden vergeben, aber dieser Gott ist in Jesus Christus sichtbar geworden.

Ein Beispiel schließlich ist der Glaube, und über ihn ist schon viel gestritten worden und wird bis zum heutigen Tag gestritten, ob er mehr den Augenmenschen oder den Ohrenmenschen entspricht. „Als Jesus ihren Glauben sah", heißt es im Evangelium (Mk 2,5). Können wir Glauben sehen?

Augenmenschen sagen: Ja, ich kann den Glauben sehen! Den Glauben des Gelähmten und seiner vier Helfer erkenne ich daran, welche Mühen sie auf sich genommen haben, um zu Jesus zu gelangen. Wenn du wirklich glaubst, kann ich das sehen. Dann sehe ich dich am Sonntag in der Kirche, sehe ich dein Kreuzzeichen, deine gefalteten Hände, dann sehe ich, was du an Fasttagen isst, wie du in den Beichtstuhl und zur Kommunion gehst.

Diese Augenmenschen müssen wir fragen: Macht das schon den Glauben aus, was wir sehen? Wenn ich in der Kirche knie, zeigt das schon meinen Glauben? Ist es egal, was ich mir dabei denke, wovon ich überzeugt bin und wem ich vertraue?

Kann ich Glauben sehen? Augenmenschen sagen: Ja! Ohrenmenschen aber sagen: Nein, den Glauben kann ich nicht sehen! Denn der wahre Glaube lebt im Herzen der Menschen, und nur Gott kann uns ins Herz schauen. Ich kann nur hören, was ein Mensch von seinem Glauben bekennt, und muss ihm darin vertrauen. Wenn einer wie ein Sünder lebt, dabei aber seinen Glauben beteuert, kann ich nicht anders, muss ich das einfach so hinnehmen.

Doch auch diese Ohrenmenschen müssen wir fragen: Glaubt einer, der Gottes Wort nur hört und nicht auch tut? Wenn Menschen sich nie in der Kirche anschauen lassen und von ihnen keine Hilfe, kein gutes Werk zu erwarten ist, glauben sie dann wirklich?

Was ist schlimmer: blind sein und nicht sehen? Oder taub sein und nicht hören? Was ist schlimmer: ein Glaube, den man sieht, von dem man aber nichts erfährt? Oder ein Glaube, von dem nur gesprochen wird, der sich aber nicht zeigt? Wir brauchen die Frage nicht beantworten. Für manche ist das eine wichtiger und für andere das andere. Es gibt eben Augenmenschen, und es gibt Ohrenmenschen. Aber gesund fühlen wir uns nur, wenn wir sehen und hören. Niemand von uns ist so sehr Augenmensch, dass es ihm gleichgültig ist, ob er taub wird. Niemand ist so sehr Ohrenmensch, dass es ihm egal ist, ob er erblindet. So verhält es sich auch mit dem Glauben. Gesund ist ein Glaube nur, wenn man ihn sehen und hören kann, wenn er Herz, Lippen und Hände bewegt.

Erst hören, dann reden

Zu Mk 7,31-37

Die Weisheit der Menschen prüft man schon seit alter Zeit mit Rätselfragen. Ein solches Rätsel für Weise lautet folgendermaßen: Warum hat der Mensch zwei Ohren, aber nur einen Mund? Im ersten Augenblick würde man ja annehmen, dass ein Ohr zum Hören ebenso reicht wie ein Mund zum Reden. Aber das stimmt nicht, und weise Menschen wissen das auch. Sie beantworten die Rätselfrage so: Deshalb hat der Mensch zwei Ohren, aber nur einen Mund, damit er zuerst zweimal hinhört, bevor er seinen Mund öffnet und redet.

Reden und Hören gehören also zusammen. Wer gut sprechen will, muss auch gut zuhören; und wer aufmerksam zuhört, ist auf dem besten Weg, ein guter Redner zu werden. Wer aber nicht hören will, hat auch nichts zu sagen.

Reden und Hören gehören zusammen. Aber es gibt eine bestimmte Reihenfolge: Das Hören kommt zuerst und danach erst das Sprechen. Das können wir uns an vielen Beispielen vergegenwärtigen. Schon die kleinen Kinder lernen sprechen, indem ihre Eltern zuerst mit ihnen reden und sie auf den Klang ihrer Stimme hören. In der Schule spielt das Hören wie das Reden eine Rolle. Die Schülerinnen und Schüler lernen, Referate zu halten und Diskussionen zu führen. Aber zunächst müssen sie lernen, aufmerksam zuzuhören und sich sachgemäß zu informieren. Auch in der Kirche bei der Predigt kann man das merken. Es ist schön, wenn der Prediger gut spricht. Aber der erste Schritt dazu bestünde darin, dass er zuhören lernt, was das Wort Gottes uns sagt und was die Menschen bewegt. Schließlich wissen die Menschen mit Lebenserfahrung, wie oft im zwischenmenschlichen Bereich etwas schief läuft, weil jemand nicht zuhört, sondern allzu leichtfertig redet.

Hören und Sprechen gehören also zusammen. In der richtigen Reihenfolge kommt zuerst das Hören und danach das Sprechen. Das können wir auch am Evangelium ablesen: Jesus begegnet einem Mann, der taubstumm ist. Hier ist in ein Wort zusammengefasst, dass er erstens taub und zweitens stumm ist. „Taub" und „stumm" gehören ebenso zusammen wie Hören und Reden. Das Wort „taubstumm" hält die richtige Reihenfolge ein: Zuerst ist er taub und hört nicht, und deshalb ist er auch stumm und spricht nicht. Genau in der richtigen Reihenfolge heilt ihn Jesus: Zuerst legt Jesus dem Taubstummen die Finger in die Ohren, und danach berührt er die Zunge des Mannes. Genau in der richtigen Reihenfolge erzählt der Evangelist die Heilung: Zuerst öffnen sich die Ohren des Mannes und danach kann er richtig reden. Genau in der richtigen Reihenfolge drücken die Menschen ihr Staunen aus: Jesus, sagen sie, macht, dass die Tauben hören und die Stummen sprechen.

Auf diese Reihenfolge zu achten, ist wichtig, denn es macht das menschliche Zusammenleben leichter. Manche Sprichwörter scheinen uns vom Reden abzuhalten:

„Reden ist Silber, Schweigen ist Gold", heißt es zum Beispiel. Freilich ist das einseitig, denn oft müssen wir im rechten Augenblick etwas sagen. Aber wenigstens insofern haben solche Sprichwörter und Lebensweisheiten ihren Sinn, als sie uns davon abhalten, voreilig und unüberlegt zu reden. Sie erinnern uns daran, dass wir aufmerksam zuhören, bevor wir etwas sagen.

Auch in unserem Glauben kommt es auf die richtige Reihenfolge von Hören und Sprechen an. Denn der Glaube kommt vom Hören (Röm 10,17), sagt die Heilige Schrift. Dann aber muss man ihn auch in Taten leben und mit dem Mund bekennen. Heute kann jeder seine Meinung über die Kirche privat oder öffentlich sagen. Das ist im Grunde auch gut so. Aber ein Problem ist damit doch verbunden: Auch solche äußern sich über die Kirche, die vom Glauben nicht viel verstanden haben. Der Glaube aber kommt vom Hören. Er ist so großartig, dass sich all das ein Mensch nicht selbst ausdenken kann, sondern Gott musste uns die Geheimnisse des Glaubens sagen und zeigen. Daher finden wir den Glauben, indem wir aufmerksam auf das Wort Jesu im Evangelium und auf die Lehren der Kirche hören. Wer davon etwas begriffen hat, kann gerecht über die Religion und die Kirche urteilen. Gerade auch für unseren Glauben gilt also: Gott hat uns deshalb zwei Ohren gegeben, damit wir zunächst zweimal hinhören und dann unseren Mund öffnen und reden.

Tun, was ich verstanden habe

Zu Joh 1,29-34

Als Kaplan bekomme ich im Gespräch manchmal von den Menschen gesagt: „Man muss schon sehr viel wissen, damit man über den Glaube mitreden kann." Oder: „Da muss man schon lange studieren, bis man die Bibel richtig versteht." Das ist meistens ein Zeichen dafür, dass ich einfache Dinge unnötig kompliziert gesagt habe. Das tut mir dann auch Leid. Denn alle wirklich wichtigen Dinge im Leben sind einfach. Theologie muss man zwar studieren, aber glauben können einfache Menschen und Studierte gleichermaßen. Auch schlechte Schüler können gute Christen sein. Auch mit einer geistigen Behinderung kann man heilig werden. Jesus hat sich ebenso wie an die Schriftgelehrten auch an Fischer, Bauern und Handwerker gewandt und ist bei ihnen besser aufgenommen worden.

Das Evangelium spricht von Johannes dem Täufer. Er hat von Jesus zugleich viel und wenig verstanden. Er lehrt die Menschen und zeigt ihnen den rechten Weg. So weist er auf Jesus hin: „Seht, das Lamm Gottes" (Joh 1,29.36). Er bezeugt: „Er ist der Sohn Gottes" (Joh 1,34). Aber er sagt zweimal: „Auch ich kannte ihn nicht" (Joh 1,31.33). Das ist merkwürdig, weil gerade Johannes die Menschen mit Jesus bekannt machen wollte.

Ähnlich merkwürdig klingt eine andere Bibelstelle. Als Johannes schon im Gefängnis auf den Tod wartet, schickt er zwei Jünger zu Jesus und lässt fragen: „Bist du der, der kommen soll, oder müssen wir auf einen anderen warten?" (Mt 11,3 par Lk 7,20). Johannes erklärt zuerst und fragt dann selbst, wer Jesus ist. Er hat seinen Jüngern mehr erklärt, als er selbst verstanden hat.

Es kommt nicht darauf an, die ganze Bibel zu verstehen. Es kommt nur darauf an, das zu tun, was wir verstanden haben, ob es viel ist oder wenig. Dann werden wir nach und nach immer mehr begreifen.

Wer hat schon den Glauben ganz erfasst, die Bibel ganz verstanden? Die größten Gelehrten haben das nicht zu behaupten gewagt. Den Glauben zuerst ganz verstehen zu müssen, damit kann man sich auch herausreden, wenn man ihn nicht leben will. Wir sollen uns nicht mit dem aufhalten, was wir nicht begreifen, sondern was uns klar geworden ist, sollen wir tun.

Es gibt Heilige, die durch ein einziges Bibelwort heilig geworden sind. Antonius hat sich zum Leben als Einsiedler entschlossen, als er in der Kirche gehört hat: „Wenn du vollkommen sein willst, geh, verkaufe deinen Besitz; dann komm und folge mir nach!" (Mt 19,21). Augustinus hat sich bekehrt durch das Bibelwort: „Legt als neues Gewand den Herrn Jesus Christus an!" (Röm 13,14). Franziskus hat sich besonders das Wort Jesu zu Herzen genommen: „Nehmt keinen Geldbeutel mit, keine Vorratstasche und keine Schuhe!" (Lk 10,4). All diese Bibelworte sind uns schwer verständlich. Wir fragen uns, wie das gehen soll. Aber jeder Satz hat auch seine Heiligen gefunden, die ihn leben konnten. Vielleicht ist nicht jedes Bibelwort für mich bestimmt. Aber jedem von uns hat Gott mehr als genug zu tun gegeben und in der Bibel aufgeschrieben.

Einige große Christen haben ihr ganzes Leben an der Bibelstelle gemessen, von der wir ausgegangen sind. Sie haben gesagt, sie wollten nur wie der Zeigefinger des Täufers Johannes sein, sie wollten nur auf Jesus hinweisen: „Seht, das Lamm Gottes". Auch das kann ein ganzes Menschenleben ausfüllen.

Man muss also nicht die ganze Bibel verstehen oder den Glauben ganz begreifen. Nur das, was uns Gott zeigt, sollen wir tun. Das reicht zum Zeugnis für die Welt. Denn wie Jesus das Brot vermehrt hat, so kann der Heilige Geist das Verständnis vermehren. Dann geht es wie bei Johannes dem Täufer. Durch den Heiligen Geist können wir anderen mehr zeigen, als wir selbst gesehen haben, und ihnen mehr erklären, als wir selbst verstanden haben.

Was in uns ist

Zu Mt 11,30 oder im Fasching

Ich mag Luftballons. Dafür habe ich gleich mehrere Gründe. Vor allem mag ich sie, weil sie uns Menschen so ähnlich sind. Luftballons kann man aufblasen, dann sind sie groß. Doch obwohl sie so groß werden, bleiben sie leicht und weich und verletzlich.

Sie können tanzen und spielen und sich freuen. So können auch große Dinge leicht und schön sein. Gott liebt uns. Für ihn sind wir groß und wichtig. Wir sollten nicht zu gering von uns selbst und voneinander denken.

Gott hat jeder und jedem von uns eine große Aufgabe für unser Leben gegeben. Eine große Aufgabe bedeutet meistens viel Arbeit und Anstrengung und Ärger. Aber Gott hat einer und einem jeden eine solche Aufgabe gegeben, dass sie gerade ihr oder ihm letztlich nicht schwer fällt, sondern leicht.

Warum das so ist, das kann uns der Luftballon erklären, der groß ist und leicht zugleich. Das Geheimnis der Luftballons liegt nämlich in dem, was in ihnen ist. Je nachdem, was ihr Inneres erfüllt, steigen sie zum Himmel auf oder sinken sie zur Erde nieder. Wenn wir Luft hineinblasen, dann sinken sie nur langsam zur Erde und können tanzen und spielen. Wenn wir sie mit einem leichten Gas füllen, dann steigen sie sogar rasch nach oben. Wir müssen sie gut festhalten, damit sie uns nicht davonfliegen. Bei den Luftballons kommt es also darauf an, was in ihnen ist.

So ähnlich ist es auch mit uns Menschen. Auch bei uns kommt es darauf an, was in uns ist, was uns innerlich erfüllt. Wenn uns der Geist Gottes, der Heilige Geist erfüllt, fühlen wir uns leicht und steigen zum Himmel auf. Wenn uns Gott mit seiner Liebe erfüllt, dann fällt uns auch das Schwere leicht. Was schwer ist, das spüren wir kaum, wenn wir es mit Liebe tun. Und was wir ohne Liebe tun, das fällt uns immer schwer.

Wir stellen uns gerne vor: Wenn die Dinge angenehm und leicht wären, dann würden wir sie mit Liebe tun. Aber in Wirklichkeit ist es genau umgekehrt: Wenn wir die Dinge mit Liebe tun, dann werden sie für uns angenehm und fallen uns leicht.

Was also einen Luftballon erfüllt, das macht ihn groß und zugleich leicht. So ist es auch mit uns Menschen: Wenn uns die Liebe erfüllt, dann wird für uns das Kleine groß und das Schwere leicht. Das sagt uns Jesus mit dem Wort: Mein Joch drückt nicht und meine Last ist leicht (Mt 11,30).

Über Wunder staunen

Zu Joh 6,1-15

Wenn ich das Evangelium von der Brotvermehrung vorlese, frage ich mich immer: Was werden sich die Hausfrauen und die Hausmänner denken, die für ihre Familien kochen müssen? Wie schön wäre es, wenn Jesus auch für uns einfach Brot und Fisch vermehrt und uns so satt macht! So reden manche aus Bequemlichkeit oder Gedankenlosigkeit. Aber für viele ist es eine sehr ernste Frage: So viele Menschen in der Welt leiden Hunger. Wenn Jesus damals Brot vermehrt hat, warum macht Gott nicht auch heute die Hungernden satt?

Gott tut das heute ebenso, wie Jesus es damals getan hat. Er vermehrt Brot und Fisch und macht die Menschen satt. Gott tut heute sogar mehr und Größeres als Jesus bei der Brotvermehrung. Aber er tut es still und unauffällig. Es fällt uns nicht auf, wenn wir es uns nicht eigens vor Augen führen. Wir nehmen es als selbstverständlich hin.

Wenn wir an einem Getreidefeld vorbeigehen, dann gehen wir an einem Wunder, an einer Brotvermehrung vorüber. Die Bauern haben Samen ausgestreut und werden viel mehr Getreide ernten, als sie Samen gesät haben. Wenn wir an einem Fischteich vorübergehen und den Laich sehen, dann wissen wir: Gott vermehrt den Fisch. So stark vermehrt Gott die Fische in der Natur, dass neben uns Menschen noch eine Menge von Tieren essen kann.

Wie Jesus damals Brot und Fisch vermehrt hat, so tut es Gott noch heute. In beständiger Güte lässt Gott immerfort Tiere und Pflanzen wachsen. Das ist ein großes Wunder. Aber weil es nicht nur ein großes, sondern auch ein ununterbrochenes Wunder ist, gewöhnen wir uns daran und halten es für alltäglich. Wir beachten es nicht und langweilen uns sogar bei Gottes größten Taten, weil er ständig wie selbstverständlich für uns sorgt.

Genau genommen, tut Gott sogar mehr und Größeres, als Jesus bei der Brotvermehrung getan hat. Denn Jesus hat die Menschen nur für einen Abend satt gemacht, und zwar nur zweimal in seinem ganzen Wirken. Gott aber gibt uns Tag für Tag und Jahr um Jahr zu essen. Jesus hat nur fünftausend Männer mit Frauen und Kindern satt gemacht. Gott aber lässt auf dieser Erde genügend Brot für fast acht Milliarden Menschen wachsen. Damals haben die Jünger zwölf Körbe eingesammelt. Heute wird in Wien, der größten Stadt Österreichs, so viel Brot weggeworfen, wie die Menschen in Graz, der zweitgrößten Stadt Österreichs, essen.

Nicht deshalb hungern Menschen, weil Gott nicht auch für sie Brot und Fisch vermehrt. Die Erde bringt genügend Nahrung hervor für alle, die auf ihr leben. Sie könnte noch viel mehr Menschen ernähren. Sondern hungern müssen Menschen, weil es uns nicht gelingt, diesen Reichtum gerecht zu verteilen.

Das Evangelium von der Brotvermehrung soll uns aufmerksam machen: Wir staunen über das Wunder, das Jesus getan hat. Führen wir uns auch das Wunder vor Augen, das Gott alltäglich für uns tut. Es ist angemessen, dass wir ihn um das tägliche Brot bitten und dass wir ihm dafür danken. Wenn andere Menschen kein Brot haben und hungern müssen, dann will es Gott ihnen vielleicht durch uns geben.

Glauben

Zu Joh 20,24-31

Das Evangelium des Sonntags nach Ostern nennt man oft das Evangelium vom ungläubigen Thomas. Dieser ungläubige Thomas ist unter den biblischen Gestalten ein Liebling vieler moderner Menschen, die selbst nicht glauben können und zweifeln und sich so in Thomas wiederfinden. Es ist üblich geworden, nicht einfach zu glauben, sondern bei allem zu fragen: Kann ich das sehen? Darf ich das angreifen? Andere meinen, es sei ein Missverständnis, vom ungläubigen Thomas zu reden. Denn es geht im Evangelium nicht um den ungläubigen, sondern um den gläubigen Thomas, der von seinem Unglauben befreit wird und ein Vorbild für uns sein soll, damit wir zwar nicht sehen, aber doch glauben (vgl. Joh 20,29).

Das Evangelium vom ungläubigen Thomas und das Evangelium vom gläubigen Thomas sind ein und dasselbe Evangelium. Der ungläubige Thomas und der gläubige Thomas sind ein und derselbe Thomas. Der Glaube ist nämlich nicht etwas, das man entweder hat oder nicht hat, das man findet, vielleicht verliert und wiederfindet. Den Glauben gibt es vielmehr in Graden und Abstufungen. „Gläubig" und „ungläubig" bilden zueinander kein Entweder-Oder, sondern ein Mehr-oder-Weniger.

Kein Mensch – auch kein Bischof und kein Heiliger – ist so gläubig, dass er nicht noch stärker und noch tiefer glauben könnte. Und kein Mensch – nicht einmal der ärgste Zweifler – ist so ungläubig, dass sich in seinem Herzen nicht noch eine Spur des Glaubens fände, den er mit dem Mund abstreitet. So erzählt das Evangelium vom gläubigen und ungläubigen Thomas zugleich, der vom schwächeren zum stärkeren Glauben weitergeht.

Das ist ein Trost für alle, die gern glauben wollen, denen es aber nicht gelingt. Es ist auch ein Trost für alle, die selbst im Glauben schon weit vorangekommen sind, aber Menschen lieben, die sich mit dem Glauben schwer tun. Zugleich ist es ein Ansporn für uns alle. Ob wir in unserem Glauben ganz am Anfang stehen oder schon weit fortgeschritten sind: Bemühen wir uns um einen weiteren Schritt auf dem Weg des Glaubens, wie ihn Thomas im Evangelium getan hat! Der ungläubige Thomas soll uns nicht im Unglauben bestärken und rechtfertigen. Der gläubige Thomas soll nicht die Ungläubigen ausschließen. Sondern jede und jeder soll von der Stufe des Glaubens, auf der sie oder er gerade steht, eine Stufe höher steigen und mehr und tiefer und fester glauben.

Liebt einander!

Zu Joh 13,34; 15,12.17

Ob Menschen viel von Jesus wissen oder wenig, eines wissen fast alle: Jesus sagt: „Liebt einander!" Das gehört zu den schönen und großen Worten der Bibel. Dem stimmen spontan auch Menschen zu, denen der christliche Glaube sonst fremd ist. Das gehört wesentlich zum Christentum. Zugleich finden sich diese und ähnliche Worte in fast allen Religionen und Kulturen, wenn sie zu Tiefe und Reife gelangt sind.

„Liebt einander!", sagt Jesus. Das ist sein Gebot. Kann man Liebe gebieten? Kann Jesus sie uns befehlen? Kann ich jemanden lieben, nur weil Jesus mir sagt, ich solle es tun? Selbst wenn ich es gerne möchte – kann ich jemanden einfach lieben? Gerade religiös feinfühlige Menschen leiden darunter, wenn sie merken: Es gibt jemandem, dem gegenüber ich keine Gefühle der Liebe aufzubringen vermag, obwohl ich es aus meinem religiösen Verständnis heraus müsste und es auch ehrlich will. Wie will Jesus also Liebe gebieten?

„Liebe" ist ein Wort, das in manchen Zusammenhängen sehr häufig gebraucht wird. Gerade deshalb wird es auch sehr ungenau verwendet, und fast jeder versteht ein bisschen etwas anderes darunter.

Heute stellen sich viele unter der Liebe ein romantisches Gefühl oder eine Leidenschaft vor. Da nützen kein Gebot und kein guter Wille. Ein Gefühl der Liebe können wir nicht erzwingen. Wir stellen einfach fest: Es ist da. Und so, wie es da ist, kann das Gefühl, kann die Leidenschaft auch wieder verschwunden sein. Wir können sie weder selbst erzwingen noch anderen vorschreiben.

Es gibt andere Formen der Liebe. Es gibt eine Liebe, die sich in Taten zeigt, die anderen nützen und sie erfreuen. Die Liebe selbst ist freilich mehr als eine solche Tat; sie ist die Haltung, der Taten entspringen. Auch eine Haltung haben wir nicht, weil wir uns dazu entschließen oder weil sie uns jemand aufgetragen hat. Aber eine Haltung der Liebe können wir uns langsam und schrittweise aneignen.

Manche haben die Liebe eine Kunst genannt. Daran wird etwas Wahres sein. Denn die Liebe hat viel mit den anderen Künsten gemeinsam, mit Musik, Malerei, Dichtung, Tanz und Schauspiel. Wer eine Künstlerin oder ein Künstler sein will, muss begabt sein und muss viel üben. Was die Begabung betrifft, so gibt es Menschen mit viel Talent und andere, denen weniger Talent geschenkt ist. Aber niemand ist ganz ohne Begabung. Was die Übung betrifft, so braucht jede Kunst Übung. Gerade wer begabt ist, muss umso mehr üben. Keine Übung ist vergeblich, denn jeder kann durch Übung wenigstens einen gewissen Fortschritt erreichen.

Es gibt in der Liebe unterschiedliche Begabungen. Manche sind von Natur aus liebenswürdiger und manche sind von Natur aus liebesfähiger als andere. Die Begabung zur Liebe können wir nicht erzwingen. Sie wird uns von Gott geschenkt. Wenn sie uns zu gering ist, dann bleibt uns nichts anderes übrig, als sie von Gott zu erbitten. Es gibt aber niemanden, der ganz ohne jedes Talent für die Liebe wäre. Wir alle haben etwas, womit wir anderen helfen oder sie erfreuen können. Das ist die Voraussetzung dafür, dass Jesus uns das Gebot geben kann: „Liebt einander!" Das traut uns Jesus zu, denn die Begabung zur Liebe hat er uns zuerst geschenkt.

Begabung braucht jede Kunst, aber auch Übung. So können wir auch die Liebe üben und uns langsam und schrittweise eine Haltung der Liebe aneignen. Niemand kann darauf verzichten, sich in der Liebe zu üben. Gerade wer von seiner Natur her begabt ist, muss umso mehr üben. Doch auch wer wenig begabt ist zur Liebe, kann durch geduldiges Üben Fortschritte machen.

Wer die Musik übt, spielt und singt. Wer die Malerei übt, malt. Wer die Liebe übt und sich eine Haltung der Liebe aneignet, setzt Taten der Liebe. Üben braucht immer Zeit. Das wissen die, die ein Instrument spielen. Auch die Liebe hat mit Zeit zu tun. Wenn ich Menschen lieben möchte, dann verbringe ich Zeit mit ihnen. Übung braucht auch Aufmerksamkeit. Wer übt, muss bei der Sache sein. Wenn ich die Liebe übe, dann bin ich aufmerksam für die Menschen, die ich liebe, aufmerksam für ihre Nöte und Sorgen und besonders aufmerksam für ihre guten und schönen Seiten.

Üben ist am Anfang schwer und unangenehm. Je länger ich aber übe, umso leichter fällt es mir. Mit der Übung kommt die Geläufigkeit, und mit der Geläufigkeit kommen die Natürlichkeit und die Freude. Die Liebe zu üben, das wird besonders am Anfang nicht leicht und angenehm sein. Aber mit der Zeit kommen die Taten der Liebe wie von selbst und bereiten große Freude.

„Liebt einander!" sagt uns Jesus. Damit meint er kein Gefühl und keine Leidenschaft. Damit meint er eine Haltung, der Taten der Liebe entspringen. Ein solches Gebot kann er uns geben, weil er uns zugleich das Talent dafür schenkt. Das Gebot sagt uns aber, dass wir die Liebe üben sollen.

Mit Herz

In einem Familiengottesdienst

Hier habe ich eine Hand. Und hier noch eine. Mit beiden kann ich viel Schönes und Nützliches tun. Und erst ihr könnt mit euren geschickten Händen so viel tun, dass wir gar nicht über alles reden können. Auch unsere Füße sind sehr nützlich. Mit ihnen können wir laufen und springen. Manche können mit den Füßen sogar tanzen und Fußball spielen. Nützlich sind auch die Augen, mit denen wir sehen, und die Ohren, mit denen wir zuhören. Schließlich haben wir auch noch ein Herz. Aber wozu brauchen wir eigentlich ein Herz? Ist das Herz überhaupt nützlich? Ich habe noch nie ein Herz bei einer sinnvollen Arbeit gesehen. Nur wenn wir die Hand auf die linke Brust legen, spüren wir, wie das Herz schlägt. Wofür schlägt eigentlich das Herz?

Ihr kennt euch gut aus. Daher wisst ihr: Das Herz brauchen wir ganz notwendig. Das Herz schlägt, damit wir leben können. Ohne das Herz können weder die Augen sehen noch die Ohren hören. Ohne das Herz können wir weder Füße noch Hände brauchen. Das Herz brauchen wir zum Leben und das Herz brauchen wir zum Lieben. Leben und Lieben, das klingt nicht nur ähnlich, das gehört auch zusammen.

Das können wir an Jesus sehen. Solange sein Herz schlägt, schlägt es für uns. Jesus hat uns gern. Jesus hatte uns sogar damals gern, als sein Herz nicht mehr schlug, als er am Kreuz starb, als der Soldat sein Herz mit der Lanze durchbohrte. Leben und Lieben, das gehört zusammen. Jesus liebt bis in den Tod. Deshalb bekommt er im Tod neues Leben. Er ist von den Toten auferstanden.

So wie Jesus sollen auch wir sein. Bei allem, was wir tun, soll unser Herz dabei sein. Wenn unsere Ohren hören, soll unser Herz dabei sein. Wenn unsere Augen sehen, soll unser Herz dabei sein. Wir sollen liebevoll aufmerksam sein für unsere Mitmenschen. Wenn unsere Füße gehen, soll unser Herz dabei sein. Das Herz sagt uns, zu wem wir am besten gehen, wer uns braucht. Was unsere Hände tun, sollen sie zusammen mit dem Herz tun. Wie Jesus sollen wir leben und lieben.

Umwege gehen

Zu Mt 10,39; 16,25 par

Vor Jahren gab es eine Aktion: Ein Team markierte sich ein Ziel und nahm sich vor, dieses Ziel zu erreichen, und zwar auf schnurgeradem Weg – das heißt: über alle Dörfer, Gewässer und Straßen hinweg. Auf diesem geraden Weg lag auch das Schulhaus, in dem ich damals Schüler war. Für uns war das natürlich eine willkommene Ablenkung vom Unterricht, als die Männer mit Kletterausrüstung an

Seilen auf der einen Seite die Mauer der Schule hochkletterten und dann auf der anderen Seite wieder herunterkletterten, um ihr Ziel weiter auf geradem Weg anzusteuern.

Eine solche Aktion entspricht dem Gefühl unserer Zeit. In Wirtschaft und Politik kommt es gut an, wenn wir klare Ziele formulieren und sie möglichst geradlinig, konsequent und zielstrebig umsetzen.

Eine solche Aktion mag dem Gefühl unserer Zeit entsprechen. Aber der klare Menschenverstand durchschaut natürlich gleich: So erregt man Aufsehen, aber sinnvoll ist es nicht. Viel schneller und leichter kommen wir ans Ziel, wenn wir Umwege in Kauf nehmen – wenn wir um Häuser herum gehen, statt über die Dächer zu klettern!

Noch mehr gilt das für die höheren Werte des Menschen. Eine ganze Reihe von Wünschen haben wir und können sie doch nicht direkt anstreben. Wir erreichen sie nicht, wir zerstören sie, wenn wir allzu ungestüm auf sie losgehen. Nur über Umwege, oft nur durch Schritte in die Gegenrichtung sind sie zu erreichen. Wir können sie nicht erzwingen; wir müssen sie geschenkt erhalten und dann annehmen.

Dafür weiß ich eine ganze Reihe von Beispielen.

Auffällig ist das beim Witz und beim Humor. Setzen Sie einmal einen ernsten nüchternen Menschen unter Druck, er müsse – etwa im Fasching – einen lustigen Sketch über die Bühne bringen. Das kann arg schief gehen; es kann peinlich werden. Es ist schön, wenn einmal lustige Stimmung herrscht. Aber Lustigkeit kann man nicht erzwingen. Das kann man sich nicht vornehmen und dann verbissen umsetzen. Das muss einem Menschen gegeben sein. Wenn es kommt, dann kommt es ganz anders: Es braucht Zeit und Aufmerksamkeit und ein Gefühl der Freiheit, alles sagen zu dürfen. Dann fällt vielleicht etwas auf, was lächerlich ist in unserer Welt, und man kann es in treffenden Worten schildern.

Auch ein anderes Beispiel ist sehr erhellend. Wir haben manchmal das Gefühl: In irgendeinem Bereich herrscht zu viel Routine; wir brauchen eine neue, zündende Idee. Das kann jedem unterlaufen vom Volksschüler, der einen kurzen Aufsatz schreiben soll, bis zu großen Künstlerinnen, die ihrem Genie mühsam ein Meisterwerk abringen. Es kann Qualen bedeuten, stundenlang vor einem leeren Blatt Papier oder einer leeren Staffelei zu sitzt und keine Idee zu haben, wie man die Sache angeht. Das kann man nicht erzwingen, das muss einem geschenkt werden. Das kommt in ungezwungener Atmosphäre, wenn Menschen trotzdem aufmerksam und gesammelt sind.

Das sind sehr auffällige Beispiele. Andere fallen weniger ins Auge, betreffen dafür unser Leben umso tiefer. Freundschaft können wir nicht erzwingen; sie muss uns geschenkt werden. Es soll Eltern geben, die in ihrem Bekanntenkreis genehme Freundinnen und Freunde für ihre Kinder suchen und sie dann zusammenbringen, damit sie sich miteinander anfreunden. Das kann gut laufen, kann aber auch schief gehen. Auch wenn Erwachsene für sich selbst die Sache in die Hand nehmen, kann es schief gehen. Denn Freundinnen oder Freunde gewinnt ein Mensch in aller Regel nicht, indem er würdige Kandidatinnen und Kandidaten aussucht und dann systematisch Kontakt zu ihnen sucht. Menschen freunden sich vielmehr an, die einander mehr oder weniger zufällig begegnen, einander sympathisch finden und dann ihre Zuneigung durch Zeichen der Freundlichkeit vertiefen. Wer allzu penetrant die Nähe eines anderen Menschen sucht, kann leicht lästig fallen. Sich um eines Menschen Freundschaft zu bemühen und sie nicht zu erhalten, ist schwer, aber ein Recht auf Freundschaft gibt es auch dann nicht, wenn ich noch so zuvorkommend war. Einsamkeit aushalten können, ist deshalb eine Voraussetzung dafür, dass ein Mensch gute Freundinnen und Freunde findet.

Ein anderes Beispiel ist das Glück. Alle Menschen streben nach dem Glück; und viel zu wenige erreichen es – weil es sich nämlich nicht erreichen lässt, sondern nur finden, wie unsere Sprache sehr treffend formuliert. Oft stellen sich die Menschen vor: Glücklich bin ich, wenn ich dies erreiche oder jenes besitze. Sie setzen Himmel und Hölle in Bewegung, bis sie das Entsprechende erreichen oder besitzen, und anschließend stellen sie fest: Jetzt habe ich alles erreicht, wovon ich gedacht habe, es wäre zu meinem Glück nötig; aber glücklich bin ich noch immer nicht. Dann gibt es andere mit der Fähigkeit, einfach glücklich zu sein. Es gibt Menschen, die unter schweren äußeren Bedingungen leben, mit Sorgen, mit Arbeit, in Armut; und wir haben dennoch nicht den Eindruck, sie wären unglücklich. Glück erreichen wir nicht, Glück finden wir. Wir können nur aufmerksam sein, damit wir es nicht übersehen, wenn wir einmal darauf stoßen.

Gerade im religiösen Bereich gilt das auch. Viele Menschen suchen Gott, aber sie wissen nicht, wo sie ihn suchen sollen und wo er sich finden lässt. Wir können ihn nicht zwingen, dass er sich uns zeigt. Wir können nur darum bitten und uns bemühen, auf ihn aufmerksam zu sein. Dann merken wir vielleicht einmal: Ja, jetzt ist Gott da. Oder wir begreifen im Nachhinein: Jetzt war er da, und wir haben es zunächst gar nicht bemerkt.

So ist es auch mit dem Leben, von dem Jesus im Evangelium sagt: Wer es verliert, wird es gewinnen. Sein Leben verlieren, heißt Zeit schenken. Zeit ist ein Teil meines Lebens. Was ich an Zeit schenke, geht unwiederbringlich verloren. Das kann mir niemand mehr zurückgeben. Und dennoch werde ich gerade dadurch innerlich reich und wird mein Leben dadurch sinnvoll, dass ich meine Zeit für andere einsetze oder für Gott. Wenn ich meine Zeit nur für mich brauche, dann verrinnt sie ja doch auch, und sie vergeht unproduktiv und leer. Wir Christen können gelassen unsere Zeit verschenken. Denn nach diesem irdischen Leben haben wir ein ewiges Leben in der kommenden Welt zu erwarten. So setzen wir unser Leben freudig ein für Gott und die Mitmenschen. Wer das Leben verliert, wird es gewinnen.

Gerade die wichtigsten Dinge erreichen wir nicht, wenn wir sie direkt anstreben. Gerade die wichtigsten Dinge im Leben müssen wir uns schenken lassen.

Wetterfest

Zu Mk 4,35-41

Wenn man sonst nichts zu sagen hat, dann spricht man über das Wetter. Deshalb kommt das Wetter in der Kirche kaum vor, weil wir eine Botschaft haben. Aber in der Vorstellung vieler Menschen ist der Glaube eigentümlich eng mit dem Wetter verbunden.

Im Evangelium kommen Jesus und seine Jünger in einen Seesturm. Sie erleben schlechtes, stürmisches Wetter; aber es zeigt sich auch, dass die Naturgewalten Jesus gehorchen. Vor dem Hintergrund dieses Evangeliums frage ich mich, was heiteres und regnerisches Wetter für unseren Glauben zu bedeuten haben. Zunächst möchte ich ein paar Beispiele nennen und danach überlegen, wie wir sie beurteilen oder über sie denken sollen.

Besonders im ländlichen Bereich bittet man Gott mit eine ganzen Reihe von Bräuchen im Frühjahr bei der Saat um gedeihliches Wetter und im Sommer um Bewahrung vor Unwetter; im Herbst dankt man für die Ernte. Das entspricht zutiefst unserem Glauben.

Vor allem bei Fernstehenden stößt man auf eine Erwartung, dass bei Ausflügen und Freiluftaktivitäten mit gläubigen und betenden Menschen das Wetter gut sein müsste. (Wenn das Wetter schlecht wird, heißt es, sie hätten zu wenig gebetet.) Wenn der Pfarrer am Ausflug teilnimmt, wird er für das gute oder schlechte Wetter verantwortlich gemacht. Dem heiligen Petrus wird nachgesagt, dass von der Beziehung zu ihm das Wetter abhängt.

Manchmal werden kirchliche Großereignisse nach dem Wetter bewertet. Beim letzten Papstbesuch in Bayern war das Wetter sonnig und schön. Also, sagt man, lag darüber auch der Segen des Himmels. Beim Papstbesuch in Österreich war das Wetter feucht, kalt, regnerisch und stürmisch. Wollte der Himmel damit sein Missfallen ausdrücken?

Man merkt an diesen Beispielen schon, wie nahe beieinander hier Glaube und Aberglaube liegen. Erschwert wird ein gläubiges, aber nüchternes Verständnis des Wetters leider dadurch, dass auch viele Geistliche sich dazu unbesonnen äußern. Solange das Wetter sonnig ist, übernimmt der Pfarrer gerne die Verantwortung dafür; und nicht alle Pfarrer denken soweit voraus, dass sie diese Verantwortung dann nicht mehr loswerden, wenn das Wetter schlechter wird.

Hier liegen also Wahres und Falsches, Glaube und Aberglaube nahe beisammen. Wenn wir uns mit unserem Glauben nicht lächerlich machen wollen, müssen wir überlegen, wie wir über das Wetter reden.

Wir können nicht erwarten, dass es uns besser geht als Jesus und den Jüngern im Sturm. Mit all unserem Glauben können wir einmal in stürmisches Wetter geraten. Trotzdem dürfen wir darauf vertrauen, dass Wind und See Jesus gehorchen.

Das Wetter ist etwas, das wir nicht in den Griff bekommen. Mit unserer ganzen Wissenschaft können wir es nur ungefähr vorhersagen, und mit unserer ganzen Technik können wir es letztlich nicht entscheidend beeinflussen. Wo nicht nur unsere Freizeit und unser Vergnügen, sondern unser Leben vom unsicheren Wetter abhängen, ist es angemessen, Gott zu bitten und ihm zu danken. Wettersegen und Erntedank sind gute, alte christliche Bräuche.

Regen und Sonnenschein betreffen viele Menschen zugleich. Es wäre vermessen zu erwarten, dass Gott sie ausgerechnet nach unseren Vorlieben und Ausflugsplänen verteilt.

Jesus sagt in der Bergpredigt ausdrücklich, dass Gott seine Sonne scheinen lässt über Guten *und* Bösen und dass er regnen lässt über Gerechte *und* Ungerechte (Mt 5,45). Man kann also nicht aus dem Wetter auf die Moral schließen. Man kann nicht sagen: Bei unserem Ausflug war das Wetter schön, weil wir so brav sind! Man soll auch den Kindern nicht sagen: Das Wetter wird schlecht, weil du nicht aufgegessen hast!

Es wird uns manchmal als fehlendes Gottvertrauen ausgelegt, wenn wir einen Regenschirm mitnehmen, oder auch, wenn ein Kirchturm einen Blitzableiter hat. Wir vertrauen aber durchaus einem Gott, der uns Menschen das technische Geschick verliehen hat, Blitzableiter zu bauen, und die Klugheit, rechtzeitig an den Regenschirm zu denken. (Wir glauben überhaupt an einen Gott, der uns einem Kopf gegeben hat, damit wir damit denken.)

Wir vertrauen auch auf einen Gott, der uns die Kraft und Geduld verleiht, sogar im schlechten Wetter auszuhalten. Deshalb sagt der frühere Bischof von Graz-Seckau gerne: Gläubige Christen sind wetterfest! Damit hat er im wörtlichen wie im übertragenen Sinn Recht. Wenn ein Ausflug im Regen endet, kann man feststellen: Alles in allem beklagen sich gläubige und fromme Menschen weniger.

In der Vorstellung vieler Menschen ist das Wetter eng mit dem Glauben verbunden. Recht betrachtet ist für uns entscheidend, Gott um gutes Wetter für die Ernte zu bitten, ihm dafür zu danken und von ihm die Klugheit und Geduld zu erhoffen, mit schlechtem Wetter umzugehen.

Lasten tragen

Zu Sach 9,9-10 und Mt 11,25-30

Wenn jemand zu mir sagt: Du Esel!, dann bin ich beleidigt. Wir haben uns einen ganzen Zoo von tierischen Schimpfwörtern zugelegt. Den Esel zählen wir zu den dummen Tieren. Wir nennen einen dummen Menschen Esel, und daher sind die Menschen beleidigt, die wir Esel nennen.

In alter Zeit waren Esel wichtig, denn sie trugen Lasten. Sie waren nicht so stark wie Pferde und manchmal störrisch. Aber sie waren auch nicht so teuer wie Pferde und brauchten keine anspruchsvolle Pflege. Esel konnten ausdauernd Lasten tragen.

Der Prophet Sacharja spricht von einem Friedenskönig (Sach 9,9-10). Er reitet bescheiden auf einem Esel nach Jerusalem, nicht auf einem Schlachtross. Die Evangelisten dachten an den Propheten Sacharja, als Jesus auf einem Esel in Jerusalem einzog.

Der Esel hatte am Palmsonntag buchstäblich eine tragende Rolle: Alle jubeln mit Palmzweigen in den Händen; der Esel muss Jesus tragen. Alle freuen sich Jesus zu sehen; nur der Esel sieht Jesus auf seinem Rücken nicht. Gerade deshalb ist er ihm besonders nahe.

Denn auch Jesus trägt eine Last. Bald nach dem Einzug in Jerusalem trägt er sein Kreuz, wie der Esel seine Last trägt. Jesus tut es aus Liebe zu uns Menschen. Er ist den Menschen besonders nahe, die Lasten tragen und Schweres bewältigen müssen. Im Evangelium ruft er ihnen zu: „Kommt alle zu mir, die ihr euch plagt und schwere Lasten zu tragen habt!" (Mt 11,28). Er nimmt ihnen die Last nicht ab, aber er verspricht ihnen: „Meine Last ist leicht" (Mt 11,30).

Das nimmt man gern als Jesus-Wort für den Urlaub: Macht es euch leicht, nehmt euch frei! Aber natürlich können wir Lasten nicht einfach abschütteln und anderen überlassen. Leicht wird die Last, die Menschen gemeinsam tragen oder die jemand mit Liebe trägt. Wer unwillig ist, dem fällt auch das Leichte schwer. Was wir aus Liebe tun, so schwer es sein mag, lässt sich tragen.

„Einer trage des anderen Last" (Gal 6,2), so fasst der Apostel Paulus die christliche Botschaft von der Nächstenliebe zusammen. Dafür ist der Esel ein gutes Symbol: er trägt die Last der anderen. Es kann also sein, dass gute Christen dumm oder Esel genannt werden. Aber dieses Schimpfwort verwandelt sich in eine Auszeichnung, denn gerade der Lastesel ist Jesus besonders nahe.

Zurechtweisen

Zu Mt 18,15-20

Das Evangelium ist aufgeschrieben und wird vorgelesen, damit wir es hören und befolgen. Aber bei einer bestimmten Evangelienstelle (Mt 18,15-20) denke ich mir immer: Hoffentlich tun die Leute nach der Messe *nicht*, was uns Jesus sagt. Hoffentlich gehen sie *nicht* gleich zu ihren Brüdern und weisen sie für ihre Sünden zurecht. Denn es lässt sich absehen, wie viel Streit und Unfrieden das ergäbe. Natürlich predige ich trotzdem das Evangelium und nicht meine eigenen Vorlieben und Vorstellungen. Aber ich weise darauf hin, dass diese Bibelstelle ein heikles Thema anspricht.

Einerseits ärgern wir uns über unsere eigenen Fehler, doch auch über die Kritiker, die uns auf sie hinweisen. Andererseits leiden gerade gewissenhafte Menschen unter dem Gefühl, dass ihnen niemand ehrlich sagt, wie gut ihre Arbeit wirklich ist. In den Kirchengemeinden ist es ähnlich. Es macht ein schlechtes Klima, wenn jeder Fehler gleich kritisiert wird. Aber man kann sich auch gegenseitig zu viel loben, sodass das Lob nichts mehr mit der Wirklichkeit zu tun hat und seinen Wert verliert.

Das, wovon Jesus spricht, hat man früher „brüderliche Zurechtweisung" genannt. Von dem Ausdruck ist man abgekommen, auch deshalb, weil wir heute hoffentlich doch endlich so weit sind, dass wir eine Zurechtweisung auch von Schwestern annehmen können. Aber die Sache ist unter anderen Namen wichtig geblieben: Wir reden von Feedback, Rückmeldungen oder konstruktiver Kritik. Das ist eine hohe Kunst, und wo sie gelingt, bezeugt sie ein hohes christliches Ethos.

Vor allem geht es hier nur um die schwerwiegenden Angelegenheiten. Einen kleinen Fehler darf man auch einmal großmütig übersehen. Nicht wenn jemand ein Stück vom Weg abweicht, braucht es eine Zurechtweisung, sondern wenn Mitmenschen in die falsche Richtung laufen, muss man sie aufhalten.

Dann geht es auch um den richtigen Zeitpunkt. Wer zu früh kritisiert, kann entmutigen. Aber da wir die Konfrontation scheuen, warten wir oft zu lang und sagen erst hinterher: „Das habe ich mir ja gleich gedacht, dass das nicht gut gehen kann!" Wenn wir absehen können, dass ein Mitmensch in Schwierigkeiten kommt oder andere in Schwierigkeiten bringt, dann ist es eine Tat der Nächstenliebe, das rechtzeitig klar zu machen. Sparen können wir uns unnötige Kritik an denen, die schon den Schaden haben oder über die ohnehin schon alle schimpfen.

Wenn jemand den Betroffenen deutlich sagt, was nicht in Ordnung ist, ist es für eine Gemeinschaft ein Segen und letztlich auch für den Einzelnen. Aber nach allgemeiner Erfahrung darf man sich für diese gute Tat nicht viel Dankbarkeit erwarten.

Darf ein Sünder einen anderen Sünder zurechtweisen? Da hört man oft die Antwort: Kümmere dich um deine eigenen Fehler! Kehre vor deiner eigenen Türe! Aber wir wissen, dass wir alle Sünder sind und Fehler haben. Daher bleibt gar nichts anderes übrig, als dass ein Sünder den anderen zurechtweist. In jeder Kritik steckt ein Funken von Selbstkritik.

Die Fehler anderer sollen wir möglichst unauffällig behandeln, zunächst also persönlich besprechen, dann mit wenigen Zeugen, nur bei Notwendigkeit in der Gemeinde oder in der Kirche (Mt 18,15-17). Damit endet auch das vorgesehene Verfahren. Von der Allgemeinheit oder Öffentlichkeit hat Jesus nichts gesagt. Bequem und leider auch unter Christen nicht unüblich ist das umgekehrte Vorgehen, jemandem ins Gesicht zu schmeicheln und hinter seinem Rücken über ihn zu schimpfen. Schon Paulus beklagt einmal, dass Christen nicht nur streiten, sondern ihren Streit auch noch vor das Gericht der Ungläubigen tragen (Röm 6,1-8). Sinnvoll kann das zwar bei Angelegenheiten von öffentlichem Interesse sein oder bei solchen, die Außenstehende besser beurteilen. Aber auch bei uns in Europa stimmen Kirche und Gesellschaft nicht einmal mehr annähernd überein, und daher müssen wir künftig mehr darauf achten, wie wir mit unseren internen Meinungsverschiedenheiten in der Öffentlichkeit, auch in den Medien, dastehen. In einer guten Gemeinschaft kann man intern offen diskutieren, aber nach außen hält man zusammen.

Die Kritik hat eine andere Seite, das Lob. Leider kann man falsch loben, die Wirklichkeit verschleiern, eigene Interessen verfolgen und die, die man lobt, an ihrer persönlichen Entwicklung hindern. Aber wir lassen uns von Kritik mehr entmutigen, als wir uns von Lob motivieren lassen. Damit beides gleichmäßig ankommt, sagt eine gute Faustregel: „Viel loben!" Ehrliches Lob und ehrliche Kritik gehören zusammen, dann können wir beides annehmen.

Wichtig ist auch der Schluss der Evangelienstelle von der Kraft gemeinsamen Gebets (Mt 18,20). Bei allen Schwierigkeiten um den richtigen Weg, um Lob und Kritik sollen wir uns wenigstens so gut miteinander verstehen, dass wir gemeinsam beten können.

Verzeihen

Zu Ez 18,21-28 und Mt 5,20-26

Detektivgeschichten sind spannend zu lesen. Auch ein katholischer Priester gehört zu den bekannten Detektiven der Literatur, nämlich Pater Brown. Eine Geschichte heißt „Der Marquis von Marne". Dieser Marquis lebt still und zurückgezogen auf seinem Schloss ein religiöses Leben. Denn viele Jahre zuvor hat er sich mit seinem eigenen Bruder um eine Frau duelliert und ihn dabei getötet. Dass er nach so vielen Jahren immer noch für eine alte Schuld büßt, das finden seine Freunde aus früherer Zeit empörend: Nach so langer Zeit müsse es doch endlich einmal Verzeihung geben! Pater Brown gibt ihnen darin Recht. Daher geht er der Sache nach.

Wie es in Detektivgeschichten so ist, stellt sich heraus: Es ist alles ganz anders, als es auf den ersten Blick scheint: Der Marquis, der auf seinem Schloss niemanden zu sich lässt, ist in Wirklichkeit jener Bruder, den alle für tot halten. Er hat sich damals bei dem Duell nur tot gestellt und dann seinen Bruder heimtückisch ums Leben gebracht. Dessen Freunde sind alle zutiefst empört, als sie hinter dieses Geheimnis kommen. Nur einer bleibt ruhig und versöhnlich, und das ist Pater Brown. Er erinnert sie daran, was sie selbst kurz zuvor verlangt haben: Nach so langer Zeit müsse es doch endlich einmal Verzeihung geben! Die Menschen, sagt Pater Brown, seien gerne bereit, alles zu vergeben – alles, außer Schuld.

Die Lesung spricht von Umkehr, das Evangelium von Versöhnung. Selbstverständlich sind wir alle gütig und versöhnlich, solange wir die Größe einer Schuld nicht einsehen. Aber wo wir auf echte Schuld stoßen, da können wir sehr streng und unversöhnlich sein. So ist es in der Pater-Brown-Geschichte. Sie stammt vom Beginn des zwanzigsten Jahrhunderts. Damals hielten noch viele Menschen ein Duell für ehrenhaft, aber einen Mord für unverzeihlich. Heute halten wir es zwar nicht mit Duellen, wohl aber in vielen anderen Fällen nicht anders: Die Menschen nehmen zwar Schwarzarbeit in Anspruch, aber erregen sich darüber, dass Großverdiener Millionen außer Landes bringen. Sie schwindeln in der Schule, aber verlangen den Rücktritt eines Ministers, der in seiner Doktorarbeit abgeschrieben hat. Die Ehescheidung halten sie für einen normalen Teil des modernen Lebens, aber dem Ex-Partner können sie nicht vergeben. Sie verzeihen einander gerne alles – außer echter Schuld.

Christen sollen anders sein: Wir sollen die eigene und fremde Schuld in all ihrer Schwere fühlen, aber mehr noch die Barmherzigkeit und Versöhnung in ihrer ganzen Größe.

Dazu schenkt uns Gott so manche Hilfe. Wir haben das Beispiel Jesu. Er hat noch am Kreuz für seine Feinde gebetet: „Vater, vergib ihnen, denn sie wissen nicht, was sie tun" (Lk 23,34). Wir haben auch das Vorbild vieler Heiliger.

Wir dürfen selbst Verzeihung erfahren und in dieser Erfahrung anderen von Herzen vergeben. Gott nimmt uns auf, wie der barmherzige Vater seinen verlorenen Sohn. Wir beten zu ihm: „Vergib uns unsere Schuld, wie auch wir vergeben unseren Schuldigern".

Manche Schuld lässt sich nur vergeben, wenn man an die Auferstehung der Toten glaubt. Jemand hat ein Menschenleben gefährdet oder jemanden so verletzt, dass dieser nur nach einer unwiederbringlich langen Zeit darüber hinwegkommt: Lässt sich das überhaupt vergeben? Man kann es wohl nur dann vergeben, wenn man das ewige Leben erwartet. Aber wenn man das ewige Leben erwartet, dann gibt es keine unverzeihliche Schuld. Dann darf man sogar hoffen, dass eine Versöhnung sogar noch nach dem Tod mit dem nötigen Abstand zum irdischen Leben gelingen kann. Besser ist es freilich, sich noch in dieser Welt zu versöhnen.

Vergebung erfahren, das macht uns frei, und Vergeben macht uns frei. Sowohl eigene Schuld als auch fremdes Unrecht kann uns fesseln und unser Leben einschränken. Jesus will uns dahin führen, dass wir das vergangene Unrecht zurücklassen, damit wir ungehindert den Weg gehen, den Gott uns führen will.

Sein Kreuz auf sich nehmen

Zum Fest Kreuzerhöhung

Zum Fest Kreuzerhöhung gibt es eine Legende. Sie klingt auch wie eine Legende; zugleich hat sie einen tieferen Sinn.

Als das römische Reich unter Kaiser Konstantin christlich geworden war, reiste die Mutter des Kaisers, die heilige Helena, ins Land Israel und ließ sich die Stätten des Lebens Christi zeigen. In Jerusalem ging sie natürlich auch auf den Berg Golgota, wo Jesus am Kreuz gestorben war. Dort ließ sie in der Erde graben, und es kam wirklich ein Kreuz zum Vorschein, dann noch ein zweites und schließlich ein drittes Kreuz. So entspricht es ja dem Evangelium, nach dem Jesus in der Mitte zwischen zwei Verbrechern gekreuzigt worden ist. Nun wollte die Kaiserin gerne wissen, welches von diesen drei Kreuzen das Kreuz Jesu sei. Aber eben das konnte ihr niemand sagen, bis der Bischof von Jerusalem eine Idee hatte. Er ließ einen Gelähmten aus der Stadt herbeitragen. Auf diesen legte er das erste Kreuz und dann auch das zweite. Aber als er den Gelähmten mit dem dritten Kreuz berührte, konnte dieser aufstehen und gehen und war geheilt. Somit war allen klar, welches Kreuz das Kreuz Jesu war: Das Kreuz Jesu Christi ist jenes Kreuz, das die Kraft hat zu heilen.

Als Christen versuchen wir nach dem Vorbild Jesu zu leben. Sein Weg ist auch unser Weg. Jesu Weg aber führte ihn ins Leiden und ans Kreuz. Wenn wir unseren Glauben ernst nehmen, dann werden auch wir leiden müssen, dann wird unser Weg mit Jesus ein Kreuzweg. Wir sprechen gerne davon, wie schön und froh der Glaube unser Leben macht. Das stimmt auch. Aber es ist nicht die ganze Wahrheit. Der Glaube macht unser Leben sicher nicht bequemer und durchaus nicht immer leicht. Jesus selbst hat ja gesagt: Wer mein Jünger sein will, der nehme sein Kreuz auf sich und so folge er mir nach! (Mt 16,24 par).

Dieser Gedanke hat eine sehr schöne Seite, aber er hat auch eine gefährliche Seite. Die schöne Seite sehen wir, wenn wir auf die vielen gläubigen Menschen sehen, die durch den Glauben Trost im Leid gefunden haben. Wenn es uns schlecht geht, wenn wir unter Schmerzen leiden oder unter der Bosheit der Menschen, dann kann es ein starker Trost sein, auf Jesus zu schauen und sich zu sagen: Nicht einmal Jesus ist es besser ergangen, sondern gerade weil es mir schlecht geht, bin ich Jesus am Kreuz besonders nahe und eng verbunden.

Dieser Gedanke, Jesus im Leid besonders nahe zu sein, hat aber auch eine gefährliche Seite. Man kann ihn falsch verstehen – als dürften Christen nicht fröhlich sein, als müssten sich gute Christen die Dinge immer und sogar unnötig schwer machen, ja als täte man etwas Gutes, wenn man sich und anderen das Leben schwer macht. So kann man diesen schönen und tröstlichen Gedanken gefährlich falsch verstehen.

Was am Bemühen, Christus im Leiden und ans Kreuz zu folgen, richtig ist und was falsch, das deutet die Legende vom Kreuz Christi an: Kreuze, sagt die Legende, gibt es ganz verschiedene, und nicht jedes Kreuz ist das Kreuz Christi. Es gibt viel

Schweres und viel Böses in der Welt, das uns nicht näher zu Christus führt. Eine Aufgabe für uns Christen, aber wohl auch für alle Menschen ist es, unnötige und grausame Leiden zu verhindern und zu beenden, soweit das in unserer Macht liegt.

Das wahre Kreuz Christi, sagt uns die Legende, ist jenes Kreuz, das die Kraft hat zu heilen und gesund zu machen. So gibt es auch sinnvolles Leiden, das heilt und gesund macht, durch das Menschen geläutert werden und reifen. Diesen Kreuzweg will uns Jesus leiten, der zur Auferstehung führt.

Den Anfang dieser Wahrheit lernen die Kinder schon in der Schule. Oft macht die Schule Spaß, aber nicht immer kann sie Spaß machen. In manchen Fächern (Mathematik zum Beispiel oder Latein) muss man zuerst längere Zeit Schwieriges und Langweiliges lernen, und erst dann merkt man, wie schön diese Fächer in Wahrheit sind und wie sich die Mühe gelohnt hat.

So ist es aber auch bei den Erwachsenen. Wenn wir den leichteren und bequemen Weg wählen, werden wir davon nicht glücklich, sondern kommen erst recht in Schwierigkeiten und verpassen unsere Chancen.

Auch im Glauben ist es so. Es ist beeindruckend, wie manche Christen gegen sinnloses und ungerechtes Leid in der Welt ankämpfen, sich dadurch selbst das Leben unbequem machen, aber ihre Kraft lohnend einsetzen. Andere sind ebenso beeindruckend, die es im Leben schwer haben, aber nicht verzagen und nicht verbittern, sondern Gelassenheit und Weisheit lernen und tief gläubige Christen werden. So sind wir verbunden mit dem Kreuz Jesu Christi, das sich der Legende nach als echt erwiesen hat, indem es einen Gelähmten geheilt hat. So sind wir verbunden mit dem Kreuz, durch das Christus der ganzen Welt das Heil gebracht hat.

Zeit schenken – sein Leben hingeben

Zu Mk 8,35

Unter den Heiligen unseres Kalenders nehmen, von der Gottesmutter Maria abgesehen, den höchsten Rang die Märtyrer ein, und zwar zu Recht. Sie sind vor die ernste und grausame Wahl zwischen dem eigenen Leben und der Treue zu Christus gestellt. In dieser Situation gilt ihnen das Wort Jesu: „Wer sein Leben retten will, wird es verlieren; wer aber sein Leben um meinetwillen und um des Evangeliums willen verliert, wird es retten" (Mk 8,35). Dass die christlichen Märtyrer ihr Leben hingegeben und sich im Glauben an die Auferstehung für Christus entschieden haben, macht ihre Größe aus.

Märtyrer hat das Christentum in allen Jahrhunderten besessen. Sie gehören aber nur in Zeiten der Verfolgung. Wir leben in einem Staat, der seinen Bürgern die freie Ausübung ihrer Religion gewährt, in einem Land, dessen Bewohner in ihrer Mehrheit katholisch sind. Dass ein Mensch für sein Bekenntnis zu Christus mit dem Leben bezahlt hat, ist in Deutschland und Österreich seit den furchtbaren Tagen des Nationalsozialismus nicht mehr vorgekommen und wird aller Voraussicht nach so schnell nicht wieder, hoffentlich gar nicht mehr geschehen. Hat Jesus mit seinem Wort uns etwas zu sagen oder hat er es nur für die verfolgten Christen vergangener düsterer Jahrhunderte gesprochen?

Wenn jemand sein Leben für Christus und um des Evangeliums willen hingibt, dann kann das auf zweifache Weise geschehen. Man kann sein Leben entweder auf einmal und ganz hingegen, wie es die Märtyrer getan haben. Man kann es aber auch Stück für Stück hingeben. Denn jede Stunde ist ein Teil unseres Lebens; und was wir an Zeit verschenken, kann uns niemand zurückgeben. Sein Leben hingeben, das heißt: Zeit schenken. Eine Stunde im Gebet verbringen, für Mitmenschen Zeit haben, ohne dass man dafür etwas zu erwarten hätte, einen Kranken besuchen, der den Besuch nicht erwidern kann, für Menschen beten, die man nicht kennt und die einen nicht kennen – das heißt: ein Stück seines Lebens verschenken, zwar nicht wie ein Märtyrer ganz und auf einmal, sondern bloß stückweise, aber ebenso unwiderruflich und großherzig, wie es die Blutzeugen getan haben.

Es gibt also zwei Arten, sein Leben hinzugeben – ganz und auf einmal wie die Märtyrer oder Stück für Stück. Die erste Art gehört früheren Jahrhunderten oder fernen Ländern an. Sie kommt heute bei uns nicht vor. Darüber sollten wir froh sein und hoffen, dass es so bleibt. Auf die zweite Art, sein Leben zu verschenken, können wir hingegen täglich treffen, und wer die Augen offen hält, wird bald Spuren solch selbstloser Tätigkeit finden. Diese Form, sein Leben hinzugeben, ist hier und heute angemessen und von uns Christen gefordert.

Das Martyrium ist entschieden und darum spektakulär. Daher wird es von den Menschen – und darum auch in der Kirche – besonders beachtet. Das stille und treue Verschenken von Zeit hingegen ist unauffällig und bleibt bei den Menschen und oft auch in der Kirche unbeachtet, ist aber deshalb nicht weniger ernst und unwiderruflich. Gott, der uns kennt, weiß um unseren Einsatz und lässt ihn nicht vergeblich sein. Deshalb gilt auch uns die Verheißung Jesu: „Wer sein Leben um meinetwillen und um des Evangeliums willen verliert, wird es gewinnen" (Mk 8,35).

Heilig werden

Zum Fest Allerheiligen

Wenn wir durch unsere Kirchen wandern und die Heiligen betrachten, die darin auf Bildern oder als Statuen dargestellt sind, dann schauen sie alle einander ziemlich ähnlich. Sie haben meist die gleichen weichen Gesichter, Häupter, die in Demut leicht geneigt sind, und Heiligenscheine. Wir können sie kaum voneinander unterscheiden, oft nur durch Gewänder und Zeichen, die ihnen beigegeben sind. So erkennen wir Nikolaus als Bischof mit drei goldenen Kugeln, Petrus durch den Schlüssel, Paulus am Schwert, Jakobus an seiner Muschel, Florian als Soldaten, der Wasser ausgießt – und so fort.

Nach den bildlichen Darstellungen sind die Heiligen einander also sehr ähnlich. Aber in Wirklichkeit waren sie ganz verschieden.

Viele Heilige waren schon von Kindheit an auf dem rechten Weg, manche bekehrten sich erst in der Mitte ihres Lebens (wie der Kirchenvater Augustinus oder der heilige Johannes von Gott), und der Schächer am Kreuz neben Jesus fand erst kurz vor seinem Tod zum Heil.

Manche waren schon heilig, als sie im Kindesalter oder in ihrer Jugend starben (wie Tarsicius oder Domenico Savio); andere lebten über hundert Jahre (wie Antonius der Einsiedler oder Johannes von Damaskus).

Viele Heilige waren Ordensleute, Priester oder Bischöfe, manche blieben Diakone (wie Franziskus), und viele lebten als Laien verheiratet oder unverheiratet im Volk Gottes.

Einige waren hohe Adelige (wie der deutsche Kaiser Heinrich II. oder der König Stefan von Ungarn), andere waren ganz einfache Leute (wie die Dienstmagd Notburga).

Manche gerieten sehr rasch in heiligen Zorn; andere waren überaus geduldig und friedfertig.

Manche waren rastlos tätig und wollten keine Minute vertrödeln (wie Alfons von Liguori); andere haben ihr Leben lang nichts Besonderes getan (wie Bruder Konrad von Parzham), nur Gott die Ehre gegeben.

Manche zogen in heiligem Eifer um die halbe Welt, um Völker für Christus zu gewinnen (wie Franz Xaver); andere zogen sich in ein Kloster zurück oder lebten oben auf einer Säule (wie die Säulensteher Simon und Daniel).

Es gab Heilige, die ihre Gesundheit durch allzu strenges Fasten ernsthaft gefährdeten (wie Hieronymus); andere naschten gern und waren entsprechend dick (wie der liebenswerte Papst Johannes XXIII.).

Manche Heilige waren gute Prediger (wie Johannes Chrysostomos oder Ambrosius); es gab aber auch Heilige mit Sprachfehler (wie Notker den Stammler).

Es gab Heilige, die Macht besaßen in der Kirche und in der Welt und sie zur Ehre Gottes mit Nachdruck ausübten (wie Papst Gregor VII. oder Kaiser Konstantin); andere verzichteten gleichfalls zur Ehre Gottes auf die Macht, die ihnen zugestanden wäre.

Manche Heilige waren – man muss es leider sagen! – ziemlich dumm (wie Jean Marie Vianney, der Pfarrer von Ars), andere waren die größten Denker oder Gelehrten ihrer Zeit (wie Thomas von Aquin oder Isidor von Sevilla).

Einige gingen durch lange Zeiten der Traurigkeit und der Verzweiflung (wie Johannes vom Kreuz); andere konnten sich allezeit im Herrn freuen (wie Philipp Neri).

Niemals in der ganzen Geschichte der Christenheit war eine Zeit ohne Heilige. Es gibt kaum Stände, Länder, Orden, Berufe oder Gruppen, die nicht ihre Heiligen hervorgebracht hätten.

Das war eine Auswahl aus der großen Schar der Heiligen, aus der „Wolke der Zeugen", wie es die Bibel nennt (Hebr 12,1). Sie zeigt uns: Anders, als Bilder uns glauben machen, sind die Heiligen ganz verschieden. Keine zwei sind einander gleich. Jede und jeder ist einzigartig.

So können wir Christen in fast jeder Lage und mit fast jedem Charakter heilig werden. Um heilig zu werden, brauchen wir also nicht unsere Grenzen zu überschreiten, brauchen wir nicht mehr tun, als uns zukommt, oder Werke vollbringen, die unsere Kräfte und Möglichkeiten überschreiten. An dem Ort, wo wir stehen, und in der Umgebung, in der wir leben, kann unsere Heiligkeit anfangen. Wenn sie hier nicht beginnt, werden wir sie anderswo nicht erreichen.

Heilige sind Vorbilder für uns, aber keine Kopiervorlagen. Der Himmel hat seine Plätze für Gelehrte wie Thomas von Aquin, für Asketen wie Hieronymus und für Prediger wie Johannes Chrysostomos; und diese Plätze sind auch besetzt. Der Himmel hat aber noch andere Plätze, und zwar für uns. Diese Plätze warten noch darauf, dass wir sie einnehmen. Es wäre schade, wenn sie leer blieben, wenn wir nicht heilig würden und nicht in den Himmel kämen. Der Himmel hat Heerscharen von Heiligen. Aber die Heiligen, die in uns stecken, fehlen ihm noch.

Das Ziel vor Augen

Auf Maria schauen

Zu Lk 1,27 oder zum Fest Mariä Namen am 12. September

Was ich jetzt erzähle, ist falsch, und ich weiß auch, dass es falsch ist. Aber es ist auf eine so geniale Weise falsch, dass ich es nicht verschweigen will. Es geht um einen unscheinbaren Satz im Evangelium, der Inhalt des Festes Mariä Namen ist: „Der Name der Jungfrau war Maria" (Lk 1,27).
Wir alle haben Taufnamen. Von fast allen Namen wissen wir, aus welcher Sprache sie stammen und was sie bedeuten. Nur der Name Maria ist ein großes Rätsel. Manche erklären ihn mit ägyptischen Hieroglyphen; dann bedeutet der Name „die Geliebte". Andere deuten ihn mit Keilschriftzeichen auf „die Schöne". Schon recht gewöhnlich übersetzt man aus dem Hebräischen „die Erhabene". Das war erst der Anfang einer großen Diskussion, der ich mangels Geduld und mangels Sprachkenntnis nicht recht folgen konnte.
Es gibt eine alte Erklärung des Namens Maria, die ziemlich sicher falsch, aber sehr schön ist. Demnach bedeutet der Name Maria „Stern des Meeres" oder „Meerstern". „Meer" heißt hebräisch „jam", und diese Silbe lässt sich zur Not in „Mir-jam" oder „Mar-jam" finden. Aber unverständlich ist, wie man auf „Stern" gekommen ist. Trotzdem hat „Stern des Meeres" unsere Frömmigkeit viel stärker geprägt als all die anderen Erklärungsversuche. Vor allem singen wir das innige Lied: „Meerstern, ich dich grüße".

Die Urlaubszeit neigt sich dem Ende zu. Vielleicht war jemand am Meer, konnte die Sonne genießen, sich am Strand erholen, in den Wellen spielen, die Natur erleben, sich beim Tauchen, Segeln oder Surfen entspannen und in der Freizeit auch Freiheit spüren.

Es sind verhältnismäßig wenige Menschen seit verhältnismäßig kurzer Zeit, die das Meer so erleben. Lange galt der Ozean als bedrohlich: Er war unverlässlich und stürmisch. Die Wellen brachten das Schiff zum Kentern und ließen die Seeleute ertrinken. Dazu kamen noch die gefährlichen Riffe, die unter Wasser und daher schwer zu sehen waren; es drohte die Hinterlist der Piraten.

Wie eine Seefahrt ist auch das menschliche Leben, mühsam und gefährlich. Wenn es uns gut geht, geht es uns meistens nicht lange gut. Gefahren lauern auf uns, die wir nicht vorhersehen. Es können Stürme über uns hereinbrechen, und böse Menschen wollen uns schaden. Vor allem aber können wir selbst in der Nacht und im Sturm die Orientierung verlieren.

Die Sterne am Himmel ziehen in aller Ruhe ihre Bahnen. Sie schauen auf uns Menschen und auf unser Schicksal, wie wir uns abmühen auf den Wogen des Lebens, aber sie ändern ihren Lauf nicht, wandern weder schneller noch langsamer. Das ist gut so, denn in ihrer Beständigkeit und Unwandelbarkeit geben sie uns Menschen Orientierung. Der Steuermann auf dem Meer schaut zu den Sternen auf und liest von ihnen seinen Weg ab, die Richtung und die Zeiten. Wer bei Tag die Sonne sieht und bei Nacht die Sterne und wer sie zu deuten versteht, wird das Ziel der Fahrt nicht verfehlen.

Der Name Maria soll „Stern des Meeres" heißen. Damit sagt uns der Name, was Maria für uns bedeuten kann: In den Stürmen auf den Meeren unseres Lebens schauen wir auf zu ihr. Sie ist uns Vorbild und Orientierung. Wenn wir auf sie schauen, kommen wir nicht vom rechten Weg ab oder finden auf den rechten Weg zurück. Wenn wir ihr folgen, erreichen wir das Ziel unseres Lebens.

„Stern des Meeres" ist eine alte, prägende, schöne und lehrreiche Erklärung des Namens Maria. Leider ist sie ziemlich sicher falsch. Aber Gott ist kein Grammatiker und kann uns auch durch eine falsche Namensdeutung etwas Wahres sagen. „Stern des Meeres" erklärt den Namen Maria auf so geniale Weise falsch, dass ich die Deutung einfach nicht verschweigen wollte.

Ein Gruß

Zu Joh 4,37

Heute darf ich einen schönen Gruß ausrichten von einem unserer Freunde. Leider kann ich seinen Namen nicht sagen, weil ich ihn selbst nicht kenne. Ich weiß auch nicht, aus welcher Stadt, aus welchem Land oder aus welcher Gegend er stammt. Zwar bin ich mir sicher, dass er schon lange tot ist, schon seit Jahrhunderten. Aber wann er genau gelebt hat und gestorben ist, kann ich auch nicht sagen.

Ich würde gar nicht wissen, dass wir diesen Freund haben, wenn es ihm nicht gelungen wäre, uns über Länder und Zeiten hinweg einen Gruß zu schicken. Dieser Gruß hat mich erreicht, als ich eine Osterpredigt gelesen habe, die ein Bischof im zweiten Jahrhundert gehalten hat. Unser Freund, von dem ich erzählen möchte, hat nämlich diese Predigt abgeschrieben, und als er fertig war, dem Text noch einen Satz hinzugefügt. Er hat geschrieben: „Friede sei dem Schreiber und dem Leser und allen, die Gott lieben in Einfalt des Herzens."

Als ich das gelesen habe, war ich sehr berührt: Da habe ich einen Freund gefunden, von dem ich kaum etwas weiß und der auch von mir kaum etwas ahnen konnte. Und trotzdem schickt er uns einen Gruß und einen Wunsch durch die Jahrhunderte: „Friede sei dem Schreiber (also ihm) und dem Leser (also mir) und allen, die Gott lieben in Einfalt des Herzens" – das seid ihr. Unser Freund, der die Osterpredigt abgeschrieben hat, lässt euch grüßen und wünscht euch Frieden.

Wie kommt er dazu, uns zu grüßen, und wodurch sind wir Freunde geworden? Der einzige Grund besteht darin, dass unser Freund und wir Gott lieben, dass wir Christen sind und an den Tod und die Auferstehung Jesu Christi glauben. Er, der die Osterpredigt abgeschrieben hat, ich, der den Glauben verkünden darf, und ihr, die ihr als Christen lebt, wir arbeiten alle am selben Werk Gottes in dieser Welt. Das verbindet uns so stark, dass wir über die Jahrhunderte hinweg Grüße senden, Frieden wünschen und Freundschaft schließen können.

Wir können uns vorstellen, was für eine riesige Anzahl von Freundinnen und Freunden wir in allen christlichen Ländern und Zeiten haben, von denen wir nicht wissen und mit denen wir doch durch den christlichen Glauben verbunden sind. Wir können auch nur ahnen, was für eine riesige Anzahl von Freundinnen und Freunden wir in den künftigen Jahrhunderten der Weltgeschichte noch bekommen werden.

Wir wissen kaum etwas von unseren christlichen Freundinnen und Freunden vergangener Zeiten, aber wir haben viele Zeichen ihrer Freundschaft. Im Evangelium führt Jesus das Sprichwort an: „Einer sät, und ein anderer erntet" (Joh 4,37). Sehr oft ernten wir, was wir nicht gesät haben. Wir essen die Früchte alter Bäume, die wir nicht gepflanzt haben und ruhen an heißen Sommertagen in ihrem mächtigen Schatten aus. Das Leben haben wir uns nicht selbst gegeben, sondern es ist uns von Gott und von unseren Eltern geschenkt. Die meisten Kirchen haben wir nicht selbst gebaut, sondern unsere Vorfahren, die uns nicht gekannt, aber darauf vertraut haben, dass wir uns zu Gebet und Gottesdienst versammeln. Die großen Werke der Kunst und der Wissenschaft sind oft von den Zeitgenossen der Künstler und der Gelehrten nicht verstanden und nicht geschätzt worden; aber für uns Spätere haben sie keine Mühe gescheut.

Früchte, die wir nicht gesät haben, ernten wir nicht nur für dieses, sondern auch für das ewige Leben. Den christlichen Glauben und die Sakramente können wir uns nicht selbst geben, sondern sie sind uns von den früheren Generationen geschenkt worden, die sie wiederum von ihren Vorfahren haben, seit Gott sie der Menschheit gegeben hat. Und sogar nachdem sie gestorben sind, sind uns unsere christlichen

Glaubensschwestern und -brüder in Freundschaft verbunden und treten bei Gott durch ihr Gebet für uns ein. Wir ernten also, was wir nicht gesät haben.

Daher denken auch wir an unsere Freundinnen und Freunde in der Zukunft und säen ihretwegen, was wir vielleicht nicht mehr ernten können. Wir pflanzen Bäume, auch wenn sie vielleicht erst nach uns heranwachsen. Kinder erhalten das Geschenk des Lebens; wir unterrichten sie in der Weisheit dieser Welt und erziehen sie im christlichen Glauben, damit sie beides nach uns ihren Kindern weitergeben können. Die Kirchen, die unsere Vorfahren gebaut haben, erhalten wir für die Nachkommen. Wir fördern die Wissenschaft, auch wo wir von ihr keinen unmittelbaren Nutzen zu erwarten haben, und unterstützen die Kunst, denn sie schafft Denkmäler, die dauerhafter sind als Erz. Vor allem aber geben wir der Nachwelt den christlichen Glauben und die Sakramente weiter, damit wir dadurch in Freundschaft verbunden sind. Wir säen also, was wir vielleicht nicht mehr ernten können.

Unter allem, was wir für unsere unbekannten Freunde im christlichen Glauben tun können, reicht das Gebet am weitesten. Beten wir also für die Kinder, die die Zukunft gestalten, und für die Verstorbenen in Dankbarkeit für das, was sie für uns getan haben. Dann beten wir nämlich auch für unseren Freund, der die Osterpredigt abgeschrieben und uns dabei einen lieben Gruß geschickt hat.

Mitten im Leben

Zu Joh 11,1-45

Über die alten Gebete im Messbuch beklagen sich die Kirchgängerinnen und Kirchgänger manchmal: Dauernd wird da vom ewigen Leben gesprochen! Das ist so weit weg! Das hat mit uns gar nichts zu tun! – Dieser Meinung bin ich zwar nicht, und ich werde gleich erklären, warum nicht. Aber ich glaube, dass sie auch nicht ganz falsch liegt und dass viele sie gut verstehen werden. Nicht erst das Leben nach dem Tod, auch das Leben vor dem Tod soll gelingen. Vor der Auferstehung am letzten Tag wünschen unsere Zeitgenossen sich eine Auferstehung mitten im Leben. Sie singen nicht gern: „O Welt, ich muss dich lassen" und schon gar nicht: „Mit Freud fahr ich von dannen", sondern lieber: „Manchmal feiern wir mitten am Tag ein Fest der Auferstehung".

Eine Auferstehung mitten im Leben lesen wir im Evangelium. Eine alte Legende behauptet: Lazarus war dreißig Jahre alt, als er starb und von Jesus aus dem Grab gerufen wurde, und er lebte insgesamt sechzig Jahre, bis er zum zweiten Mal starb. So war seine Auferstehung auch rechnerisch genau eine Auferstehung mitten im Leben.

Das Johannesevangelium kennt beides. Es kennt eine Auferstehung nach dem Ende der Welt. So sagt Jesus: „Wer mein Fleisch isst und mein Blut trinkt, hat das ewige Leben, und ich werde ihn auferwecken am letzten Tag" (Joh 6,54). Ganz ähnlich spricht Marta, die Schwester des Lazarus: „Ich weiß, dass mein Bruder auferstehen wird bei der Auferstehung am letzten Tag" (Joh 11,24). Da verbessert sie Jesus aber mit seiner Antwort: „Ich bin die Auferstehung und das Leben. Wer an mich glaubt, wird leben, auch wenn er stirbt; und wer lebt und an mich glaubt, wird auf ewig nicht sterben" (Joh 11,25f).

Beides kennt also das Johannesevangelium: eine Leben vor dem Tod und ein Leben nach dem Tod, eine Auferstehung mitten im Leben und eine Auferstehung am letzten Tag. Man soll beides nicht gegeneinander ausspielen. Es gibt Situationen, in denen die künftige Auferstehung zum jenseitigen Leben die einzige Hoffnung ist. Deshalb darf sie nicht aus dem Messbuch und aus der Botschaft der Christen verschwinden. Aber wem der Glaube daran gegeben ist, lebt auch jetzt schon anders.

So richtig Hoffnung haben wir erst, wenn wir eine Hoffnung über diese Welt und über dieses Leben hinaus haben. Wir können viel Geduld haben, wenn wir nicht alles in diesem Leben erreichen müssen. Diese Welt kann uns viel Freude geben und sie uns auch wieder nehmen. Doch ein ganzes Christenleben lang haben wir die Vorfreude auf die Ewigkeit.

Das Evangelium von der Auferweckung des Lazarus wird am fünften Fastensonntag verkündet. Da blicken wir auf das Leiden des Herrn. Es kommt der Palmsonntag, es beginnt die Karwoche. Nach dem Johannesevangelium sind die Pharisäer seit der Auferweckung des Lazarus entschlossen, Jesus zu töten (Joh 11,53). Vor allem aber macht uns dieses Evangelium von der Auferstehung mitten im Leben begreiflich, wie Jesus in königlicher Würde in sein Leiden geht und wie seine Jünger ihm später aufrecht in Leiden und Auferstehung nachfolgen.

Die Auferstehung erwarten

Zu Lk 20,27-38

Wenn wir das Glaubensbekenntnis sprechen, dann steht am Ende die „Auferstehung der Toten und das ewige Leben". Noch deutlicher heißt es im großen Glaubensbekenntnis: „Wir erwarten die Auferstehung der Toten und das Leben der kommenden Welt." Die Auferstehung gehört wie selbstverständlich zum christlichen Glauben und zum christlichen Leben dazu.

Zur Zeit Jesu war das nicht so selbstverständlich. Das Alte Testament spricht erst ziemlich spät von der Auferstehung der Toten. Noch zur Zeit Jesu meinten selbst gläubige Juden, mit dem Tod sei alles aus. Die Pharisäer lehrten die Auferstehung, die Sadduzäer bestritten sie (vgl. Apg 23,8).

In den Tagen Jesu war es also *noch nicht* selbstverständlich, an die Auferstehung zu glauben. Heute ist es *nicht mehr* selbstverständlich. Unsere Zeitgenossen machen sich ihre eigenen Gedanken über den Tod und das, was danach kommt. Und da wir ihnen das Leben nach dem Tod vorerst nicht zeigen können, können wir sie auch nicht daran hindern.

Trotzdem glaube ich, dass es auch schon für dieses unser Leben einen Unterschied macht, ob wir an die Auferstehung und ein Leben nach dem Tod glauben oder nicht.

Da wir die Auferstehung erwarten, sind wir standhaft. Dafür sind die sieben makkabäischen Brüder ein Beispiel (2 Makk 7). Manche Menschen sind zwar gerade deshalb standhaft, weil sie wissen, dass alles Leid und alle Bedrängnis vorübergehen. Aber das kommt aus der Resignation. Eine andere Standhaftigkeit hat ihren Grund darin, dass es eine letzte Gerechtigkeit gibt. Wenn es sie in dieser Welt nicht gibt, dann gibt es sie im kommenden Leben.

Da wir die Auferstehung erwarten, haben wir Geduld. Es gibt zwar eine heilige Ungeduld, weil wir in dieser vergänglichen Welt in unserer begrenzten Zeit das unvergängliche Heil finden müssen. Aber es gibt ebenso die ungläubige Ungeduld, die sagt: Dieses oder jenes muss ich unbedingt noch erleben, bevor es zu spät ist. Als Christen können wir uns in gläubige Geduld fassen, denn wir wissen: Das Entscheidende kommt erst, das Schönste steht uns noch bevor.

Da wir die Auferstehung erwarten, üben wir Nächstenliebe. Es macht einen Unterschied aus, ob wir in unseren Mitmenschen Gefährtinnen und Gefährten für eine gewisse Zeit sehen oder Freundinnen und Freunde für das ewige Leben. Deshalb zeigt sich der Glaube an die Auferstehung besonders an unserem Verhalten gegenüber Menschen, von denen wir in dieser Welt nichts erwarten und nichts erhoffen können. Das betrifft Menschen, die arm und ohne Einfluss sind, über die man in dieser Welt leicht hinwegsehen und hinweggehen könnte. Das betrifft auch die Menschen, die wir zufällig treffen, wenn unsere Wege wieder auseinander führen und wir einander in dieser Welt nie mehr sehen werden. Das betrifft besonders die Kranken und Alten, die Menschen, die aller Voraussicht nach nicht mehr lange in dieser Welt leben. Es betrifft schließlich die Verstorbenen, mit denen wir über die Grenze des Todes hinweg verbunden sind.

Da wir die Auferstehung erwarten, haben wir Hoffnung. Vom römischen Philosophen Seneca stammt der schöne Ausspruch: „Solange ich atme, hoffe ich." Die Hoffnung durchzieht unser gesamtes Leben. Aber was ist, wenn ich nicht mehr atme? Gerade wenn ich nicht mehr atme, kommt es entscheidend auf die christliche Hoffnung an.
Das waren Beispiele, wie der christliche Glaube an die Auferstehung unser Leben prägt. Manche andere Beispiele ließen sich noch finden. Sie hängen letztlich damit zusammen, wie wichtig uns das ewige Leben ist und wie sehr wir uns darum bemühen.

Wie werden die Toten auferstehen?

Zu Lk 20,27-38

Als Jesus einmal von der Auferstehung spricht, schildert der Evangelist Markus die Reaktion der Jünger sehr ehrlich: Dieses Wort beschäftigte sie und sie fragten einander, was das sei: von den Toten auferstehen (Mk 9,10). Uns ist das Wort „Auferstehung" sehr geläufig. Aber können wir uns darunter mehr vorstellen, als die Jünger Jesu vor den Ostertagen? Heute wie damals ist die Frage aktuell: Wie werden die Toten auferstehen?
Die Sadduzäer (ganz anders als die Pharisäer) wollen den Auferstehungsglauben lächerlich machen. Nur deshalb fragen sie Jesus nach der Frau mit den sieben Männern. In Wirklichkeit glauben sie, mit dem Tod sei alles aus. Aber dagegen spricht die Gerechtigkeit. Es muss auch eine Gerechtigkeit für die Toten geben, für Menschen, die für Gott ihr Leben hingegeben haben wie die sieben makkabäischen Brüder (2 Makk 7). Dagegen spricht auch die grenzenlose Liebe Gottes. Er ist ja kein Gott der Toten, sondern der Lebenden (Lk 20,38).

In Frankreich gibt es die Academie française, eine traditionsreiche elitäre Gesellschaft von Literaten und Gelehrten. Ihre Mitglieder nennt man die „Unsterblichen". Sie sterben zwar, aber sie hinterlassen Spuren in dieser Welt. Es bleibt ihr Nachruhm. Das würden sich viele unserer Zeitgenossen wünschen. Aber mit dieser Art von Unsterblichkeit ist es nicht weit her. Mir sagen nur mehr wenige dieser unsterblichen Mitglieder der Academie française etwas. Spätere Generationen vergessen nur allzu leicht und werden selbst von noch späteren Generationen vergessen. Nur Gott vergisst uns nicht.

Die alte Zeit hat sich ein trauriges Totenreich vorgestellt. Dort lebt man nicht richtig, nur wie ein Schatten. Beim Dichter Homer sagt der Held Achill in der Unterwelt, er würde lieber auf Erden dem geringsten Mann als Tagelöhner dienen als König sein über die Schar der Toten (Odyssee XI 489-491). Davon haben sich noch abergläubische Vorstellungen von Geistern und Gespenstern erhalten, die unerlöst um die Gräber spuken. Auch das ist keine angemessene Vorstellung vom Leben nach dem Tod.

Manche haben umgekehrt gemeint, nach dem Tod komme das eigentliche Leben, wenn die unsterbliche Seele von der Last des Körpers befreit ist. Entgegen manchen Vorurteilen ist auch das nicht die christliche Lehre. Das Christentum ist nicht leibfeindlich. Im Gegenteil: Die Seele kann für sich allein nicht völlig glücklich sein, deshalb wird der Leib auferstehen. Wir werden freilich nicht gleich weiterleben wie jetzt; Kopfweh und Zahnweh beispielsweise wird es im Himmel nicht mehr geben.

Besonders strebsame Menschen haben sich auch vorgestellt, dass wir uns nach dem Tod immer weiter läutern und bessern müssen, entweder in vielen Wiedergeburten oder in einem ewigen Leben. Wahr daran ist, dass es auch nach dem Tod noch eine Gelegenheit zur Besserung und Läuterung geben wird. Aber wir bekommen nicht immer neue Chancen, sondern wir haben ein ewiges Glück greifbar vor Augen und müssen diese Chance ergreifen.

Wie werden die Toten auferstehen? Wir antworten sehr schnell: Das kann man sich einfach nicht vorstellen! Das stimmt auch: Kein Auge hat es gesehen und kein Ohr gehört, sagt die Bibel (1 Kor 2,9). Aber so ganz ohne jeden näheren Hinweis stellt uns der Glaube dieses Ziel nicht vor Augen. Wenigstens das Folgende ist uns gesagt: Gleich nach dem Tod dürfen die Heiligen und die guten Menschen Gott sehen und sich darüber freuen. Andere bekommen noch die Gelegenheit zur Läuterung und zur Versöhnung. Denn es ist nicht selbstverständlich, dass wir unbelastet von vergangenem Bösen zur himmlischen Freude auferstehen. Falls es im Jenseits überhaupt noch Zeit gibt, werden wir auf das Ende der Welt und auf die Auferstehung des Leibes warten. Dann ist ein himmlisches Glück für uns vorbereitet. Es ist ein endgültiges Glück, das man uns nicht nehmen kann, so groß, dass es sich nicht mehr steigern lässt, dass es uns aber auch nicht langweilig wird. Wir werden die Rätsel der Welt begreifen, reine Liebe empfinden und Gemeinschaft erfahren. Es lohnt sich, nach diesem Ziel zu streben. Gebe Gott, dass wir es erreichen.

Wer urteilt gerecht?

Zu Mk 13,24-32

Obwohl er ein guter Redner war, waren die Ansprachen eines älteren Herrn gefürchtet. Er kam nämlich immer auf dasselbe Thema. Er sprach vom Krieg, den er mitgemacht hatte, und erklärte den Jüngeren immer, dass sie sich kein Urteil über die Kriegsgeneration erlauben dürfen, denn, so meinte er, man müsse den Krieg selbst erlebt haben, um darüber mitreden zu können. Die Zuhörerinnen und Zuhörer wussten manchmal vor Peinlichkeit nicht, wo sie hinschauen sollten. Denn einerseits konnten sie ihm kaum widersprechen. Im Nachhinein klüger zu sein ist keine Kunst. In Sicherheit redet es sich leicht, was andere Menschen hätten besser machen sollen in der Not des Kriegs unter strengen Befehlen und unter der Drohung harter Strafen.

Andererseits urteilt man manchmal mit größerem Abstand gerechter. Denn ein Krieg hat immer mindestens zwei Seiten, und gerade weil dieser Mann die eine Seite so hautnah erlebt hat, ist bei ihm immer zu kurz gekommen, wie viel die Menschen auf der anderen Seite mitgemacht und gelitten haben, wie sie gestorben sind. Vom Krieg erzählen immer nur die Überlebenden. Was uns die Toten zu sagen hätten, das erfahren wir nicht.

Die Erinnerung an die Opfer der Kriege und der Gewalt soll uns daran hindern, über die Toten allzu rasch und allzu leicht hinwegzugehen. Als Christen glauben wir an die Auferstehung und an das ewige Leben. Wir hoffen, dass wir im Himmel all diesen Verstorbenen begegnen, und wir werden uns wenigstens im Himmel mit ihnen vertragen müssen.

Man kann Krieg und Gewalt nicht einfach auf sich beruhen lassen. Man muss sagen dürfen, wie schrecklich Kriege sind und wie furchtbar Gewalt, was für ein unersetzliches Gut der Frieden ist. Aber wer kann darüber wirklich urteilen? Wer kann die Not der Zeit ermessen und sich zugleich von Vorurteilen frei halten?

Nach dem Krieg hat man versucht, dieses Urteil den Gerichten anheimzustellen. Indem sie Für und Wider auf Anklage und Verteidigung aufteilen, bewegen sie sich ja wirklich auf die Gerechtigkeit zu. Es ist ein Fortschritt, dass Kriegsverbrechen und Verbrechen gegen die Menschlichkeit vor internationalen Gerichtshöfen verfolgt werden. Aber leider merkt man auch, dass ein Gerichtsurteil bestenfalls eine Annäherung an die Gerechtigkeit ist und oft genug dahinter zurückbleiben muss. Die Möglichkeiten gerade der internationalen Gerichte hängen von vielen politischen Voraussetzungen ab, und das Recht kann nicht auf alles eingehen, was zu berücksichtigen wäre.

Wenn es den Gerichten nicht gelingt, wer soll dann sachverständig und vorurteilsfrei urteilen? Man wollte diese Aufgabe auch der Geschichtsschreibung zuweisen. Wer sich missverstanden fühlt, beruft sich ja gern auf das Urteil der Nachwelt. Der klassische Dichter Friedrich Schiller hat gedichtet: „Die Weltgeschichte ist das Weltgericht", und der Philosoph Georg Wilhelm Friedrich Hegel hat daraus eine ganze Geschichtsphilosophie gemacht. Aber wenn man genau hinschaut, haben auch die Historiker ihre Einseitigkeiten und Vorlieben. Manche lieben mehr die Freiheit, andere mehr die Ordnung, und viele lieben ihr eigenes Land, was ja auch verständlich ist. Die Geschichte beruht auf ihren Quellen. Aber nur die Überlebenden erzählen, und wenn man ihre Berichte nicht kritisch liest, bleiben die Toten stumm.

Wer also soll ebenso ausgewogen wie verständnisvoll urteilen? Mit letzter Klarheit urteilt nur Gott allein. Er kennt auch das Verborgene. Er liebt die Menschen wie ein Vater – die Armen und Unterdrückten ebenso wie die Sünder. Vor ihm sind auch die Toten lebendig. Deshalb gehört zur Frohen Botschaft unseres Glaubens auch das letzte Gericht in Gerechtigkeit. Im Glaubensbekenntnis sagen wir über Jesus Christus, er werde kommen, zu richten die Lebenden und die Toten. Die Bibeltexte am Ende des Kirchenjahres klingen düster; sie sprechen vom Ende der Welt. Aber auch sie gehören zur Frohen Botschaft: Im Himmel gibt es jemanden, der gerecht richtet, weil er alles weiß und weil er alle Menschen liebt. Im Himmel gibt es Gerechtigkeit für jene Toten, die auf Erden keine Gerechtigkeit gefunden haben; und im Himmel gibt es Gnade für die Menschen, die auf Erden gesündigt haben. Gerechtigkeit und Gnade gibt es auf Erden nur für die Lebenden; die Toten aber finden Gerechtigkeit und Gnade bei Gott.

Die Menschen liebten die Finsternis mehr als das Licht

Zu Mk 13,24-32

Wenn wir das Glaubensbekenntnis sprechen, dann sagen wir, Jesus Christus werde „kommen, zu richten die Lebenden und die Toten". Andere Teile des Glaubensbekenntnisses erschließen sich uns durch die Feste des Jahres. „Geboren von der Jungfrau Maria", das feiern wir zu Weihnachten. „Auferstanden von den Toten", das feiern wir zu Ostern. „Aufgefahren in den Himmel", das feiern wir zu Christi Himmelfahrt. Für die Wiederkunft Jesu und für das Gericht gibt es kein eigenes Fest. Aber am Ende des Jahres, bevor der Advent beginnt, erinnern uns die Bibelstellen der Messe daran.

Das Evangelium ist insgesamt eine Frohe Botschaft. Auch die Botschaft vom Gericht gehört letztendlich dazu. Mit irdischen Gerichten kann man auch schlechte Erfahrungen machen. Aber bei Jesus ist das anders. Seine Wiederkunft sollten wir eigentlich froh erwarten. Nur böse Menschen riskieren, dass sie sich darüber nicht freuen können, nicht weil Jesus sie strafen will, sondern weil ihre Übeltaten zugleich ihre Strafe sind. Das kann man mit dem Bild des Gerichtes sagen. Aber die Bibel sagt es auch in anderen Bildern. Besonders einleuchtend finde ich das Bild des Lichtes.

Das Licht ist gut und schön. Wir freuen uns, wenn ein Tag sonnig und hell ist. Manche Menschen fürchten sich vor der Dunkelheit. Aber es kann auch vorkommen, dass Menschen das Licht mehr fürchten als die Finsternis, wenn sie nämlich etwas zu verbergen haben, das nicht ans Licht kommen soll. Wenn Menschen Böses tun, tun sie es oft bei Nacht, wenn man es nicht so leicht sieht.

Jesus sagt: „Ich bin das Licht der Welt" (Joh 8,12). Er kommt nicht, um die Welt zu richten, sondern um sie zu retten (Joh 3,17). Er macht die Dunkelheit hell, und das ist schön. Aber in seinem Licht erkennen wir auch, was gut und was böse ist. Darüber freuen sich nicht alle. Die Bibel sagt über Jesus: „Das Licht kam in die Welt, aber die Menschen liebten die Finsternis mehr als das Licht, denn ihre Taten waren böse" (Joh 3,19). Wenn also Menschen böse sind und in der Finsternis bleiben, sind sie selbst daran schuld und darin besteht zugleich auch ihre Strafe.

Wenn wir das Gericht im Bild des Lichtes denken, dann finden wir vielleicht auch eine Antwort auf die schwierige Frage: Wann wird das Gericht sein? Einerseits sagt Jesus: „Jenen Tag und jene Stunde kennt niemand" (Mk 13,32). Andererseits sagt er: „Diese Generation wird nicht vergehen, bis das alles eintrifft" (Mk 13,30). Hat sich Jesus etwa geirrt?

Wenn Jesus das Licht der Welt ist, hat sein Gericht schon begonnen. Neben ihm und im Vergleich mit ihm sieht man die Bosheit deutlich. Deshalb waren viele froh über ihn, aber viele hassten ihn auch und brachten ihn ans Kreuz, ohne dass sie sein Licht auslöschen konnten. So ist das Gericht auch für uns nicht am Ende der Welt, sondern wenn wir im Licht Jesu stehen, besonders aber dann, wenn uns Jesus aus dieser Welt in sein Licht heimholt, wenn unser Leben zu Ende ist.

Was also sollen wir tun, um im Gericht und im Licht Jesu bestehen zu können?

Die Kirche legt uns immer wieder das Bekenntnis nahe, dass wir Sünder sind – jedes Mal in der Messe, doch zu bestimmten Zeiten und Anlässen ganz besonders. Wenn Skandale mit Prominenten aufgedeckt werden, ist das zwar immer schlimm, aber es gibt Unterschiede. Wenn sie sich vorher als besonders integer ausgegeben haben, wiegt eine Verfehlung später umso schwerer. Wenn sie wenigstens allgemein dazu gestanden haben, dass sie nicht perfekt sind und Fehler machen, muss man nachsichtiger sein. So ist es auch mit dem Gericht Gottes. Das Sündenbekenntnis soll uns nicht demütigen; es soll uns auf die Begegnung mit Jesus vorbereiten.

Wir Menschen sind nie nur gut und nie nur böse, sondern Gut und Böse geht mitten durch unsere Herzen. Wenn Jesus mit seinem Licht kommt, wird er alle verborgene Bosheit aufdecken – aber auch all das verborgene Gute wird sichtbar werden. Still und ohne Aufsehen Gutes tun, das ist daher eine Vorbereitung, damit wir Jesus begegnen können.

Schließlich sollen wir uns ein klares Urteil bewahren: Das Licht ist besser als die Finsternis. Lieben wir also das Licht mehr, als wir die Dunkelheit fürchten! Freuen wir uns über Jesus mehr, als wir unsere eigene Finsternis bedauern! Dann können wir uns auch freuen, wenn wir Jesus begegnen, wenn er wiederkommt in Herrlichkeit. Dann gehören die Wiederkunft Jesu und sein Gericht, von denen die Bibel spricht und die wir im Glaubensbekenntnis bezeugen, wirklich zur Frohen Botschaft.

Ewiges Leben

Zu Mk 13,24-32

Wir Christen bekennen wie selbstverständlich die Auferstehung der Toten und das ewige Leben. Was aber so selbstverständlich vorkommt, ist es oft nicht. Vielleicht sind in unserem christlichen Land die Menschen schon in der Minderheit, die an die Unsterblichkeit der menschlichen Seele und an die Auferstehung unseres Leibes in einem christlichen Sinn glauben. Es kann uns helfen, wenn wir einmal überlegen, wie die Menschen zuerst zum Glauben an die Auferstehung und an die Unsterblichkeit gefunden haben.

Zuerst glaubten sie um der Gerechtigkeit willen an die Unsterblichkeit.

Die Griechen sprachen schon in früher Zeit von einem Totenreich, von einem düsteren Ort, wo die Seelen wie Schatten der einstigen Menschen sind. Dann aber geschah es in Athen, dass der weise Philosoph Sokrates unter durchschaubaren Vorwänden angeklagt und zum Tod verurteilt wurde. Er lehnte es ab, aus dem Gefängnis zu fliehen, und wurde hingerichtet durch das Gift des Schierlings. Seine Schüler und Freunde waren bestürzt, weil sie von der Gerechtigkeit des Sokrates überzeugt waren. Damals kamen sie auf die Lehre von der Unsterblichkeit der Seele. Es muss Gerechtigkeit geben, und wenn es sie in diesem Leben nicht gibt, dann muss es nach dem Tod ein Leben geben, in dem die Gerechtigkeit zu finden ist. Um der Gerechtigkeit willen glaubten sie an die Unsterblichkeit der Seele.

Ähnlich lief es bei den Juden. Zuerst war für sie der Tod etwas Natürliches: Die Menschen starben satt an Lebenstagen. Erstaunlich lange Zeit überlegte niemand in der Bibel, was nach dem Tod kommt. Viele führte zum Glauben an die Auferstehung, was wir im zweiten Makkabäerbuch lesen: Da sterben sieben Brüder, allesamt fromme Eiferer für ihren Glauben, samt ihrer Mutter durch den gottlosen König Antiochus. Waren sie umsonst so fromm? Schon oft hat Gott dem Volk seine Macht bewiesen: Wieso hat er sie nicht vor der Gewalt des Königs gerettet? Da überzeugte der Gedanke, dass die Macht Gottes anders als die Macht des Königs über den Tod hinausreicht zu einer Auferstehung der Gerechten. Was in diesem Leben nicht gerecht gelaufen ist, das wird bei der Auferstehung gerichtet. Um der Gerechtigkeit willen glauben wir an die Auferstehung.

Aus einem ähnlichen Grund glaubten die Christen noch mehr an die Auferstehung: Sie hatten das Beispiel Jesu Christi vor Augen. Er war gerecht und heilig; unschuldig und um der Wahrheit willen erlitt er den Tod. Der Hohe Rat verurteilte ihn wegen des Wortes, er werde den Tempel niederreißen und in drei Tagen wieder aufbauen. Pilatus ließ ihn kreuzigen, weil er als König der Juden ausgegeben wurde. Alle verstanden sie nicht, dass er in Wahrheit der Sohn Gottes ist. So wurde Christus unschuldig getötet. Seine Auferstehung aber ist das Zeugnis dafür, dass es Gerechtigkeit gibt; und wenn es sie in dieser Welt nicht gibt, dann gibt es sie in der kommenden Welt; wenn es sie in diesem Leben nicht gibt, dann gibt es sie im ewigen Leben.

Um der Gerechtigkeit willen glauben die Christen an die Auferstehung, wie auch Juden und Griechen um der Gerechtigkeit willen zum Glauben an ein Leben nach dem Tod gelangt sind. Das ist ein Argument, das bis zum heutigen Tag noch viele Menschen nachdenklich macht, wenn sie bei sich überlegen, was nach dem Tod kommt.

Freilich ist es für uns Christen nicht der einzige Grund, der uns zum Glauben an die Auferstehung führt. Nicht nur um der Gerechtigkeit willen glauben wir an die Auferstehung, sondern auch um der Liebe willen. Liebe aber, wenn es wahre, tiefe Liebe ist, ist nicht Liebe für eine begrenzte Zeit und Trauer für eine begrenzte Zeit und Vergessen nach einer begrenzten Zeit. Die Liebe hört niemals auf (1 Kor 13,8).

So liebt auch Gott Jesus Christus als seinen Sohn und lässt ihn deshalb nicht für immer im Tod. So liebt er auch die Väter im Glauben, Abraham, Isaak und Jakob, auf die sich Jesus im Evangelium beruft, und lässt sie nicht im Tod, denn er ist kein Gott von Toten, sondern von Lebenden (Mk 12,26f).

Deshalb haben nicht nur die vollkommen Gerechten die Hoffnung auf die Auferstehung und das ewige Leben, wie die Menschen zuerst gedacht haben. Sondern auch die Sünder werden auferstehen, nicht einfach zum Gericht oder zur Strafe, sondern auch zur Versöhnung. Denn nicht nur die Gerechten liebt Gott, sondern auch die Sünder. Da es um der Gerechtigkeit willen, aber mehr noch um der Liebe willen die Auferstehung gibt, werden Sünder ebenso wie Gerechte auferstehen. Denn beide liebt Gott und mit beiden will er glücklich sein, der Gott der Lebenden.

Noch eine Chance

Zu Allerseelen, im Kreis von Theologen

Zu Unrecht unterschätzt wird die katholische Lehre vom Fegefeuer, vom Purgatorium oder (wie man in neuerer Zeit lieber sagt) vom Zustand der Läuterung, der Reinigung und der Vorbereitung. Ich glaube, dass diese Lehre, recht verstanden, sehr schön, menschenfreundlich und tröstlich ist und dass sie deshalb zu unserem Glauben gehört, der ja eine Frohe Botschaft ist.
Schauen wir also vorerst nicht darauf, welche bedenklich sadistischen Bilder und Vorstellungen irgendwann im Laufe der Geschichte mit dem Fegefeuer verbunden waren und bis heute nachwirken. Schauen wir jetzt auch nicht auf die ökumenischen Probleme. Und schauen wir auch nur im Überblick auf die biblischen Texte, die, wie ich zugeben muss, die Lehre vom Purgatorium kaum belegen.
Vielmehr ist die Lehre von der jenseitigen Läuterung die Antwort auf eine Frage, die unser Glaube und unsere Lebenserfahrung gemeinsam stellen. Der Glaube sagt uns, dass die Menschen am Ende in Gute und Böse geschieden werden, in Gerechte und Frevler. Aber dieser erhabene Gedanke passt schlecht zu unserer Lebenserfahrung.

Nur wenige Menschen sind klar, eindeutig und entschieden gut, und nur wenige Menschen beurteilen wir klar, eindeutig und entschieden als böse. In aller Regel sind die Menschen und sind wir selbst beides gemischt, oft gut, aber viel zu oft auch böse. Deshalb fällt uns eine klare Scheidung schwer.

Es mag sein, dass sich im Angesicht des Todes noch einiges klärt. Der Ernst des Todes kann das Gute der Menschen noch deutlicher zum Vorschein bringen, aber auch, was an ihnen böse ist. Trotzdem ist es im Tod im Grunde so wie im Leben: Die Menschen sind weder eindeutig gut noch eindeutig böse.

Wie soll man sie also in Gute und Böse einteilen? Soll man etwa alle Sünder, die sich nicht von ganzem Herzen bekehrt haben, zu den Bösen stellen? Das passt schlecht zur göttlichen Liebe, die möchte, dass alle Menschen gerettet werden und zur Erkenntnis der Wahrheit gelangen (1 Tim 2,4). Oder soll man einfach fünf gerade sein lassen und bei den Sünden der Menschen ein Auge zudrücken? Das würde uns so passen, aber es entspricht nicht der Wahrheit und nicht der Gerechtigkeit.

Wie also soll man Menschen in Gute und Böse einteilen, die immer ein bisschen von beiden zugleich sind? Das ist eine Frage, die beschäftigen kann gerade im Blick auf verstorbene Angehörige und Freunde. Da neigen wir dazu, Verstorbene zu verklären und nur mehr das Gute an ihnen zu sehen. Zugleich aber müssen wir ehrlicherweise auch ihre schlechten Seiten wahrnehmen und anerkennen, dass sie vielfach bis zuletzt dabei geblieben sind.

Eine überzeugende, weil tröstliche Antwort darauf finde ich in der Lehre von der Läuterung nach dem Tod. Was Menschen Böses tun, das wird nicht einfach ignoriert; sie müssen sich bessern und reinigen. Aber wir Menschen müssen nicht bis zum Tod fertige Heilige sein, sondern wir haben auch nach dem Tod noch eine letzte Chance, besser und heiliger zu werden, so gut und heilig, dass wir zuletzt auf der Seite der Guten stehen.

Wir Menschen stehen von Natur aus in einer Gemeinschaft. Normalerweise finden Menschen einander zunächst einmal sympathisch und schätzen einander. Wir mögen es nicht, dass wir in Gut und Böse eingeteilt und geschieden werden. Deshalb streben wir gemeinsam nach unserem himmlischen Ziel. Die Heiligen beten für uns, und wir beten für die Verstorbenen – für die, die wir zu Lebzeiten gekannt haben oder deren Namen wir wenigstens wissen, aber auch für die, deren Namen wir nicht kennen und mit denen uns der christlichen Glaube doch verbindet selbst über die Grenze des Todes hinweg.

Das also ist die Frohe Botschaft von der Läuterung: Selbst wenn wir Menschen in diesem Leben noch nicht gut und heilig geworden sind, bleibt uns die Chance, es nach dem Tod noch zu werden.

Unversöhnlich

Zu Lk 13,22-30 oder Mk 9,42-48

Der Kaplan darf bekanntlich über alles predigen, nur nicht über fünfzehn Minuten. Auf diese Regel berufe ich mich heute, denn ich möchte elf oder zwölf Minuten für ein ganz schauerliches Thema verwenden. Prediger vergangener Zeiten sind mit Vorliebe dabei verweilt. Prediger unserer Tage würden es am liebsten ganz unter den Tisch fallen lassen, wenn nicht das Evangelium manchmal daran erinnern würde. Ich spreche von der Hölle.

Wir kennen die Bilder von Feuer und Schwefel, von schwarzen Teufeln mit zwickenden Zangen. Früher haben sie den Menschen Angst gemacht, heute nehmen wir sie nicht ernst.

Nun ist der Kern unseres Glaubens die Liebe und nicht die Angst; und das rechte Motiv für ein christliches Leben ist Gottes Liebe zu uns. Nur weil Gottes Liebe so groß ist, dass sie für uns unverständlich und für ihn tragisch werden kann, reden wir von der Hölle.

Die Bibel sagt klar: „Gott will, dass alle Menschen gerettet werden" (1 Tim 2,4). Wenn wir uns die grenzenlose Liebe Gottes gerade auch zu den Sündern vor Augen halten, dann können sich die meisten nicht vorstellen, dass Gott irgendeinen Menschen vom letzten Glück des Himmels ausschließt. Höchstens können wir uns vorstellen, dass Gott, gerade weil er uns liebt, einige Menschen nicht zu ihrem Glück zwingen möchte, wenn sie selbst nicht glücklich werden und nicht in den Himmel kommen wollen. Auch das können wir uns kaum vorstellen, dass Menschen in allem Ernst nicht glücklich und heil werden wollen. Aber vielleicht kommt es vor, dass manche etwas anderes lieber wollen. Ich veranschauliche mir das gern mit einer Geschichte, die ein alter Priester vor langer Zeit als junger Kaplan selbst erlebt und später erzählt hat.

Es gab einmal zwei Familien, benachbarte Bauern, die zutiefst miteinander verfeindet waren. Schon die Kinder dieser verfeindeten Familien balgten in der Schule immer miteinander. Die Eltern konnten kein gutes Wort miteinander sprechen. Und nicht einmal die Großeltern wussten mehr, wie dieser ständige Streit begonnen hatte. Als nun die Großmutter der einen Familie dem Tod nahe war, wurde der Kaplan gerufen, und ihm sagte die sterbende Frau: „Wenn die da drüben auch in den Himmel kommen, dann macht mir der Himmel keine Freude mehr, dann ist mir der Himmel verleidet!" – Das ist ein ernstes Wort. Diese Frau will lieber andere vom Himmel ausschließen als selbst hineinkommen.

Diese Geschichte ist eine ernste Mahnung. Es kommt wirklich vor, dass zwei so unvernünftig sind und weiterstreiten, obwohl es beiden nur schadet und sie das auch sehen. Wenn sie so bis in die Ewigkeit streiten, kann nicht einmal Gott sie zu ihrem Glück zwingen, gerade deshalb, weil er beide liebt. Man kann so unversöhnlich sein, dass man nicht in den Himmel kommt, weil man an ihm ohnehin keine Freude hätte. Und man kann so böse sein, dass man nicht in den Himmel kommt, weil sonst die anderen an ihm keine Freude hätten.

Gott wünscht sich, dass alle Menschen ihr Glück finden und aus allen Zeiten und Ländern in sein Reich kommen; und darum ringt er um jede und jeden Einzelnen.

Auch für die Frau, von der ich erzählt habe, gibt es Hoffnung. Wir dürfen hoffen, dass sie im Angesicht Gottes ihre Meinung geändert hat. Solcher Streit beruht ja oft auf Missverständnissen, die sich im Himmel klären werden. Oft kommt Feindschaft auch daher, dass zwei etwas wollen, was nur einer von ihnen bekommen kann. Das spielt nach dem Tod keine Rolle mehr. Sogar nach dem Tod gibt es eine letzte Gelegenheit zur Versöhnung. So dürfen wir für jeden Menschen hoffen, und als Christen müssen wir sogar für jeden Menschen hoffen.

Von den Heiligen lehrt die Kirche, dass sie bei Gott im Himmel sind. Dass er aber in der Hölle wäre, lehrt die Kirche von keinem Menschen, nicht einmal von Judas Iskariot. So steht die Hölle auch nicht im Glaubensbekenntnis wie Tod und Auferstehung, Gericht und ewiges Leben. Die Hölle gehört aber zur Frohen Botschaft von der Liebe Gottes als ihre letzte Konsequenz, in der sie für uns fast unverständlich wird.

Auch unter guten Christen wird es vorkommen, dass zwei sich nicht vertragen und einander besser aus dem Weg gehen, weil sie zu unterschiedlich sind und schlecht zusammenarbeiten. Aber wenigstens bis zum Himmel müssen wir uns wieder miteinander vertragen; sonst wird es für uns gefährlich.

Das aber liegt an den Mensch selbst. Es liegt nicht an Gott. Gott wirft niemanden in die Hölle; sondern wenn jemand in der Hölle landen sollte, dann hat er sich selbst dorthin gebracht. Es liegt auch nicht an den anderen Menschen. Mit Vorsicht zu gebrauchen ist daher das Wort eines modernen Schriftstellers (Jean-Paul Sartre): „Die Hölle, das sind die anderen". Nicht andere sind das Problem, wenn ich unversöhnlich bin. Vielmehr gilt, was ein älterer Dichter (John Milton) dem gefallenen Engel in den Mund legt: „Ich bin die Hölle".

Damit ergeht es Gott in etwa so, wie es manchen Eltern heranwachsender Kinder ergeht: Weil sie ihre Kinder lieben, ringen sie um ihr Glück. Aber weil sie sie lieben, müssen sie ihnen die Freiheit lassen, selbst wo sie schlimme Folgen für unausweichlich halten. So also gehört die Hölle zur Frohen Botschaft: Gott liebt uns. Er liebt alle Menschen. Sogar die, die unversöhnlich bis zuletzt miteinander zerstritten sind, liebt er alle mit einer so großen und festen Liebe, dass sie für uns unbegreiflich und für ihn tragisch werden kann.

So sehen Sieger aus

Apg 6,8-10; 7,54-60 zum Fest des heiligen Stephanus

Aus den Sportnachrichten der Zeitung und des Fernsehens kennen wir das klassische Siegerbild. Die Sportler stehen auf dem Podest mit Pokal oder Medaille. Sehr oft sagt uns dazu der Kommentar oder die Überschrift einprägsam: So sehen Sieger aus! Die jugendlichen Fans denken sich: So weit möchte ich auch einmal kommen. Und Eltern wünschen sich für ihre kleinen Kinder: Meine Tochter oder mein Sohn soll auch einmal so erfolgreich sein.

Das ist alles nicht neu. Das gab es schon in der alten Zeit. Nur erhielten Olympiasieger damals neben Medaillen auch Lorbeerkränze. Mit Kränzen zeichnete man auch besonders tapfere Soldaten als Helden aus. Wahrscheinlich wünschten sich auch die Eltern des heiligen Stephanus, ihr Sohn solle ein Olympiasieger oder ein Held werden. Denn der Name Stephanus, den sie ihm gegeben haben, bedeutet: Siegeskranz. Der Name passt zu einem Sieger und zu einem Helden.

Wenn wir die Geschichte von Stephanus hören oder lesen, fragt man sich: Sieht so ein Sieger aus? Auf den ersten Blick müssen wir wohl eingestehen: So sieht ein Sieger sicher nicht aus! Stephanus wird nicht auf ein Podest, sondern vor den Hohen Rat gestellt. Er wird nicht gefeiert, sondern gesteinigt.

Aber auf den zweiten Blick ist das nicht mehr so klar. Es gibt ja auch so etwas wie moralische Sieger, die zwar verlieren, aber durch Ehrlichkeit und Sportlichkeit überzeugen. So muss einem Sieger nicht unbedingt ein Verlierer gegenüberstehen. So kann auch ein Verlierer Sieger sein. So kann es auch zwei Sieger geben.

In mancher Hinsicht hat sich Stephanus ja behauptet. Er wurde zwar nicht Erster in einem Wettkampf. Aber er war der Erste, der Jesus bis in den Tod nachfolgte.

Im Wettstreit mit Worten behauptete sich Stephanus. Seine Gegner bestanden die Diskussion gegen ihn nicht. Man kann zwar mit Worten glänzend blenden. Aber auf die Dauer kommt man gegen die Wahrheit nicht an.

So wurde Stephanus schließlich berühmt. Wie die Olympiasieger seiner Zeit geheißen haben, das wissen heute nur noch ein paar Spezialisten. Aber Stephanus feiern wir noch immer.

Mit Jesus ist es ja ähnlich. Auch von ihm erwarteten sich die Menschen, dass er als strahlender Sieger kommt. Aber schon das Jesuskind bekam seinen Platz in der Krippe, nicht in der Herberge und schon gar nicht im Palast. Die Hirten ehrten es, der König Herodes verfolgte es. Später folgten Jesus einfache Fischer, aber die Priester und die Schriftgelehrten lehnten ihn ab und brachten ihn ans Kreuz. Den Kranz, den Jesus trug, trug er zum Spott: Es war die Dornenkrone (Mt 27,29; Mk 13,17; Joh 19,2.5). Ein Sieger sieht anders aus. Trotzdem ist Jesus ein Sieger, ein Sieger über die Finsternis und das Böse in der Welt. Er ist der Sieger über den Tod.

Wir kennen die Bilder von sportlichen Erfolgen. So sehen Sieger aus, wird uns gesagt. Aber Vorsicht: Nicht *nur* so sehen Sieger aus. Es gibt aber noch andere Sieger – solche, denen keine Verlierer gegenüberstehen. Stephanus trägt den Namen eines Siegers und trägt diesen Namen mit Recht: So wie er sieht ein Sieger aus.

Glück

Zum Fest Christi Himmelfahrt

Der Himmel ist uns heute mehr oder weniger egal. Die Sehnsucht, mit der Menschen früherer Generationen nach dem Himmel verlangt, die Leidenschaft, mit der sie den Himmel erstrebt haben, ist uns fern. Den Himmel brauchen wir fast nur, um kleinere Kinder zu trösten, wenn ihre Goldhamster und Meerschweinchen sterben, und um Größere zu trösten, wenn ihre Eltern und Freunde sterben. Sonst ist der Himmel vielfach egal.

Wenn wir vom Himmel reden, dann reden wir aber vom Glück der Menschen; und das Glück ist den Menschen durchaus nicht egal. Es ist ihnen nie egal gewesen, und wird es nie sein. Alles, was wir tun, tun wir, weil wir uns davon irgendwie das Glück versprechen.

Wenn wir aber nach dem Glück suchen, dann suchen wir letztlich den Himmel. Wenn wir am Fest der Himmelfahrt Christi Christus in den Himmel nachschauen, dann sehen wir, wie glücklich er ist. Wenn wir unseren Weg zum Himmel suchen, dann wollen auch wir glücklich werden.

Wo also ist das Glück der Menschen zu finden? Die Wege zum Glück sind weit und steil, weil sie zum Himmel führen, und mancher Weg führt in die Irre. Zu einem Teil haben wir das Glück ja schon gefunden und zu einem Teil können wir es noch erreichen in den Freuden, die wir in unserem Leben finden. Aber dieser Weg führt nicht ins Glück. Denn alles, was uns auf Erden gefällt, mag gut sein und schön und uns von Gott zur Freude geschenkt. Aber wir können solche Freuden nicht sammeln und ins Unendliche vermehren. Denn jede irdische Freude hat ihr Maß und hat ein Übermaß. Oft vertragen sie sich auch nicht miteinander. Und manche Freude entreißt uns ein Schicksalsschlag. Ein schönes Leben ist noch kein vollkommenes Glück.

Wir können stattdessen unser Glück im Verzicht suchen. Ich kann lernen, ohne diese Freude auszukommen und jenes Leid gleichmütig hinzunehmen. So kann ich mich dem Glück nähern, indem ich auf die Freuden der Welt verzichte und das Glück in mir finde. Aber auch dieser Weg führt nicht zum Glück. Auf vieles können wir verzichten, aber auch auf vieles nicht: Manches erfordert unsere Natur, und oft werden wir einfach schwach. Auf eines vor allem können wir nicht verzichten oder vielmehr: auf einen. Denn das wahre Glück für uns Menschen liegt bei Gott.

Alle Freuden können wir haben, aber wenn uns Gott fehlt, dann fehlt uns, auch wenn wir sonst alles haben, zum wahren und ewigen Glück das Wesentliche. Und alle Freuden kann man uns nehmen; und viel wird uns noch genommen werden, damit wir begreifen: Gott kann uns niemand nehmen, und wenn wir ihn haben, dann kann uns nichts vom wahren und ewigen Glück trennen. Wenn wir bei Gott sind, dann mag uns alles andere hinzugegeben werden. Dann ist unser Glück vollkommen.

Das Leben Jesu auf Erden ist ein langer Weg, der zu Gott führt. Bei Gott aber ist das Glück Jesu Christi auf Erden und im Himmel. Gott ist der Himmel, und wer auf Erden bei Gott ist, der ist schon auf Erden im Himmel.

Auch unser Lebensweg ist ein Weg auf Gott zu. Auch er ist ein Weg ins Glück, ein Weg zum Himmel. Denn auch unser Himmel ist Gott. Je näher wir ihm auf Erden kommen, umso näher sind wir dem Glück. So können auch wir schon auf Erden dem Himmel nahe sein. Jesus Christus hat uns Gott nahe gebracht. Da er zu Gott in den Himmel aufgefahren ist, führt auch unser Weg zum Himmel.

Sich den Himmel vorstellen

Zum Fest Christi Himmelfahrt

Es ist leicht zu sagen: Da gefällt mir etwas nicht. Es ist schon schwerer zu sagen, was genau mir nicht gefällt. Es ist sehr schwer zu sagen, wie es denn stattdessen sein sollte. Das ist auch der Grund, warum wir über ein wichtiges Thema unseres Glaubens so wenig reden, nämlich über den Himmel: Wir können uns nur schwer ausmalen, wie es sein soll, wenn wir vollkommen glücklich sind.

Am Fest Christi Himmelfahrt feiern wir, dass Jesus Christus in den Himmel aufgestiegen ist. So bahnt er uns den Weg, damit auch wir zum Himmel kommen können, und setzt uns das Ziel, für das wir bestimmt sind, nämlich in den Himmel zu gelangen.

Damit sich aber unsere Sehnsucht nach dem Ziel unseres Daseins entzündet und wächst und damit wir dem Herrn danken, der uns den Weg dorthin gebahnt hat, ist es gut zu versuchen, sich den Himmel vorzustellen. Wir haben sein Glück nicht erfahren; aber wir kennen irdisches Glück. Wenn wir es uns in vollendeter Form vorstellen, berühren wir vielleicht einen Saum der himmlischen Freude.

Wir kennen die Erfahrung eines Geistesblitzes. Bis jetzt kannte ich mich nicht aus. Aber plötzlich wird mir klar, wie die Dinge zusammenhängen; jetzt sehe ich auch, dass alles seinen Sinn hat. So besteht das Glück im Himmel darin, dass wir Gott schauen dürfen. Wenn wir Gott schauen, dann verstehen wir auch, was Gott tut, wie unser Leben, wie unsere Welt ihren Sinn hat, wie die Dinge, die uns unbegreiflich waren, sich fügen. So können wir uns den Himmel vorstellen.

Wir kennen auch die Erfahrung, zu lieben und geliebt zu werden. Gerade das wird oft als „himmlisches" Gefühl bezeichnet. So können wir uns den Himmel vorstellen: Wir sind bei Gott, werden von der Liebe zu ihm überwältigt und erfahren zugleich, wie sehr er uns liebt.

Wir kennen auch die Erfahrung, daheim zu sein, angenommen und geborgen zu sein, dazuzugehören. Dieses Gefühl hat oft mehr mit Menschen zu tun als mit Orten. So können wir uns auch den Himmel vorstellen: „Unsere Heimat ist im Himmel" (Phil 3,20). Wir sind bei Gott daheim und geborgen zusammen mit den Menschen, die wir in unserem Leben gekannt und geschätzt haben, und auch zusammen mit den Menschen, die wir nicht gekannt haben und doch als liebenswürdig erfahren.

Das alles sind Erfahrungen, wie wir uns den Himmel vorstellen können; und zugleich sind es Erfahrungen, durch die wir die himmlischen Freuden schon auf Erden ein Stück weit vorwegnehmen können. Freilich nur ein Stück. Sie sind noch nicht endgültig. Einsichten können wir wieder in Frage stellen. Liebe kann in Streit enden. Menschen müssen voneinander Abschied nehmen. So vergehen die Freuden wieder. Wenn sie nicht vergehen, werden wir ihrer überdrüssig. Neue Einsichten, die uns zuerst begeistert haben, werden selbstverständlich. Die Liebe wird kalt, wenn sie nicht lebendig bleibt, und die Heimat langweilig und eng. Die Freuden des Himmels aber sind ewig. Sie vergehen nicht, und sie veralten nicht. Sie sind wie ein einziger Augenblick und zugleich ohne Ende.

So versuche ich, mir mit schwachen Bildern und Vergleichen den Himmel vorzustellen. Hoffentlich weisen sie in die richtige Richtung. Sicher reichen sie nicht aus. Wenn wir uns den Himmel ausmalen, dann müssen wir auch darauf achten, was uns das Wort der Heiligen Schrift für Grenzen setzt: Kein Auge hat es gesehen und kein Ohr hat es gehört und in keines Menschen Herz ist es gedrungen, was Gott denen Großes bereitet hat, die ihn lieben (vgl. 1 Kor 2,9).

Dreifaltige Liebe

Zum Dreifaltigkeitssonntag

Als Jesus seine Jünger ausgesandte, sandte er sie zu zweit aus. Dafür gibt es einen Grund: Sie sollten die Botschaft der Liebe nicht nur mit Worten verkünden, sondern auch durch ihr Leben. Lieben kann man nicht allein.

Egoisten lieben vor allem sich selbst. Sich selbst lieben, das ist auch wichtig, aber das ist noch lange nicht alles. Wer ein Egoist bleibt und sonst niemand liebt, verkümmert emotional und moralisch. Für eine wahre und echte Liebe braucht es eine zweite Person. Deshalb sandte Jesus seine Jünger zu zweit aus, damit sie durch ihr Leben die Botschaft der Liebe verkündeten.

Genügen zwei Personen für eine wahre und echte Liebe? Meistens haben wir romantische Bilder der Liebe im Kopf mit einer Frau und einem Mann. Aber Verliebt-Sein ist erst der Anfang der Liebe. Sie reift, wenn zwei Menschen nicht nur einander in die Augen schauen, sondern miteinander in dieselbe Richtung schauen. Liebe reift, wenn zwei in gemeinsamer Liebe offen auf andere zugehen. Jesus hat seine Jünger nicht nur paarweise aufgestellt, sondern sie ausgesandt, damit sie zu den Menschen gehen.

Eine besonders schöne Liebe braucht daher wenigstens drei Personen: Zwei Personen lieben einander und öffnen ihre gegenseitige Liebe einer dritten Person. Das deutlichste menschliche Beispiel dafür besteht darin, dass eine Frau und ein Mann in gegenseitiger Liebe ein Kind bekommen.

Die Liebe in ihrer vollendeten Form braucht also wenigstens drei Personen. In der Bibel lesen wir: Gott ist die Liebe (1 Joh 4,8.16). Er ist die wahre und die höchste Liebe. Deshalb glauben wir an einen Gott in drei Personen, den Vater und den Sohn und den Heiligen Geist. Der Vater ist die Liebe, die sich aus ganzem Herzen schenkt. Der Sohn ist die Liebe, die in vollem Maß erhält und sich in vollem Maß hingibt. Der

Heilige Geist ist die Liebe, die mit aller Dankbarkeit annimmt. Deshalb bekennen wir den einen Gott in drei Personen.

Eine vierte, fünfte oder sechste Person macht die Gemeinschaft größer, aber gibt ihr keine neue Qualität. Es bleibt dabei, dass sich Personen in ihre gegenseitige Liebe eine weitere Person hereinholen. Daher gibt es drei göttliche Personen und nicht mehr; trotzdem ist und bleibt Gott vollkommene Liebe.

Vater, Sohn und Heiliger Geist sind die vollendete Liebe. Aber den Kreis ihrer Liebe machen sie groß; sie beziehen nämlich uns Menschen ein. Gott liebt auch uns. Darin liegt seine Güte und Freundlichkeit, darin ist seine Liebe ohne Grenzen. Unser Gott ist ein gnädiger und barmherziger Gott (Ex 34,6), das erfährt Mose, und wir erfahren es durch ihn. Gott hat die Welt so sehr geliebt, dass er seinen einzigen Sohn hingab (Joh 3,16). Dadurch erfahren wir die Liebe Gottes erst richtig und erfahren wir von den drei Personen in dem einen Gott.

Für die Lehre vom dreifaltigen Gott haben sich die Christen in den ersten Jahrhunderten mit Leidenschaft eingesetzt. Danach hat man lange Zeit abstrakt, kompliziert und gefühllos vom einen Gott in drei Personen gesprochen. Aber eigentlich geht es nur darum, zu bekennen: Gott ist die Liebe – mit allen Konsequenzen. Zugleich lernen wir, was wahre und höchste Liebe bedeutet.

Printed by Books on Demand GmbH, Norderstedt / Germany